USO DEL INDICATIVO Y DEL SUBJUNTIVO

M.ª PILAR HERNÁNDEZ MERCEDES

edelsa

GRUPO DIDASCALIA, S.A.
Plaza Ciudad de Salta, 3 - 28043 MADRID - (ESPAÑA)
TEL.: (34) 914.165.511 - (34) 915.106.710
FAX: (34) 914.165.411
e-mail: edelsa@edelsa.es
www.edelsa.es

Primera edición: 2016

© Edelsa Grupo Didascalia, S. A. Madrid, 2016

Dirección y coordinación editorial: Departamento de Edición de Edelsa.
Diseño de cubierta: Departamento de Imagen de Edelsa.
Maquetación: Estudio Grafimarque S.L.
Imprenta: Grupo Gráfico Gómez Aparicio

ISBN: 978-84-9081-851-0
Depósito legal: M-1996-2016

Impreso en España.
Printed in Spain.

PRESENTACIÓN

Este libro es la actualización y ampliación de la versión *Tiempo para practicar el indicativo y el subjuntivo*, de la misma autora.

Consta de dos capítulos más con respecto a la versión anterior: **TEMA 6** y **TEMA 7.**

Y posee un enlace a la plataforma tuaulavirtual (www.edelsa.es) con ejercicios interactivos complementarios que puede realizar el **estudiante de forma autónoma** (apoyándose en las correcciones) o el **profesor como test** para verificar el nivel de adquisición de sus alumnos.

ESTRUCTURA DEL LIBRO:

■ TEMA 1
Presentación y práctica de las **formas** de los diferentes tiempos del subjuntivo.

■ Del TEMA 2 al TEMA 6
Presentación y práctica de los **usos** del subjuntivo y del indicativo.

■ TEMA 7
Ejercicios de recapitulación.

Todos los **TEMAS**, a excepción del **1** y del **7**, presentan la misma estructura interna:

1. Observa — **Observa**

2. Forma — **FORMA**

3. Regla — **Regla**

4. Usos — **Usos**

5. Ejercicios — **Ejercicios**

6. Consolida — **Consolida**

Además, para ayudar al **estudiante a autoevaluarse**, cada ejercicio le permite **comprobar sus respuestas correctas con respecto al total de ítems del ejercicio.**

El editor

ÍNDICE

FORMACIÓN DE...

TEMA 1
LOS TIEMPOS DEL SUBJUNTIVO 5
   Presente 6
   Pretérito perfecto 15
   Pretérito imperfecto 19
   Pretérito pluscuamperfecto 25

USOS DEL INDICATIVO/SUBJUNTIVO...

TEMA 2
EN ORACIONES INDEPENDIENTES 29
   Para expresar el deseo 30
   Para expresar la duda y la probabilidad 37

TEMA 3
EN ORACIONES SUSTANTIVAS 43
   Para expresar la opinión y comunicar 44
   Para expresar la influencia, los sentimientos y los deseos 52
   Para expresar las constataciones y los juicios de valor 62

TEMA 4
EN ORACIONES RELATIVAS 73
   Para referirse a personas, cosas o ideas/conceptos 74

TEMA 5
EN ORACIONES ADVERBIALES 86
   Para expresar el tiempo 87
   Para expresar la finalidad 98
   Para expresar la causa 106
   Para expresar las condiciones (I) 114
   Para expresar las condiciones (II) 124
   Para expresar la consecuencia 135
   Para expresar la objeción o la dificultad 143

TEMA 6
CONCORDANCIA DE TIEMPOS 152
   Tiempo/modo en la oración principal > Tiempo/modo en la subordinada ... 153

RECAPITULACIÓN

TEMA 7
   Recapitulación general de los usos del indicativo y del subjuntivo 164

CLAVES de los ejercicios en www.edelsa.es

tuaulavirtual

Tema 1

FORMACIÓN DE LOS TIEMPOS DEL SUBJUNTIVO

EL SUBJUNTIVO

■ PRESENTE ....PÁG.   6
■ PRETÉRITO PERFECTO ....PÁG. 15
■ PRETÉRITO IMPERFECTO ....PÁG. 19
■ PRETÉRITO PLUSCUAMPERFECTO ....PÁG. 25

1. PRESENTE DE SUBJUNTIVO

Observa

[Ojalá venga pronto.]

FORMA

	CANTAR	BEBER	VIVIR
(Yo)	Cant-e	Beb-a	Viv-a
(Tú)	Cant-es	Beb-as	Viv-as
(Él/Ella/Usted)	Cant-e	Beb-a	Viv-a
(Nosotros/as)	Cant-emos	Beb-amos	Viv-amos
(Vosotros/as)	Cant-éis	Beb-áis	Viv-áis
(Ellos/Ellas/Ustedes)	Cant-en	Beb-an	Viv-an

Regla

A efectos prácticos, a excepción de la primera persona del singular, las desinencias del presente de subjuntivo de los verbos de la primera conjugación (modelo: *cantar*) **son iguales a las del presente de indicativo de la segunda conjugación**, y **las de subjuntivo de la segunda** (modelo: *beber*) y **tercera** (modelo: *vivir*) **son iguales a las del presente de indicativo de la primera conjugación.**

Algunos verbos presentan una variación consonántica por motivos ortográficos que se mantiene en todo el presente de subjuntivo.

Terminados en -car (C>Qu)	*acercar, aparcar, arrancar, atacar, roncar,* etc.
Sacar	saque, saques…

Terminados en -zar (Z>C)	*abrazar, almorzar, avergonzar*, comenzar*, empezar*, esforzarse,* etc.
Cruzar	cruce, cruces…

Terminados en -cer o -cir (C>Z)	*convencer, cocer*, ejercer, torcer*, resarcir,* etc. Excepciones: Verbos C>ZC (ver pág. 9) y verbo *hacer* (ver pág. 9).
Vencer	venza, venzas…

Terminados en -gar (G>Gu)	*colgar*, fregar*, negar*, pagar, pegar, regar*, rogar*,* etc.
Llegar	llegue, llegues…

Terminados en -guar (Gu>Gü)	*apaciguar, atestiguar,* etc.
Averiguar	averigüe, averigües…

Terminados en -ger o -gir (G>J)	*acoger, coger, elegir*, encoger, escoger, fingir, proteger, recoger,* etc.
Dirigir	dirija, dirijas…

Terminados en -guir (Gu>G)	*conseguir*, perseguir*, seguir*,* etc.
Extinguir	extinga, extingas…

* Ojo, estos verbos tienen también cambios vocálicos.

1. PRESENTE DE SUBJUNTIVO

▶ Los verbos que diptongan en el presente de indicativo conservan la diptongación en las mismas personas del presente de subjuntivo. Recuerda: las personas *nosotros* y *vosotros* son siempre regulares.

Pensar	Poder	Jugar
piense	pueda	juegue
pienses	puedas	juegues
piense	pueda	juegue
pensemos	podamos	juguemos
penséis	podáis	juguéis
piensen	puedan	jueguen

– Verbos como *pensar* (*e>ie*): *acertar, apretar, atender, atravesar, calentar, cerrar, comenzar*, confesar, defender, despertar, empezar*, encender, encerrar, entender, fregar*, helar, manifestar, merendar, negar*, nevar, querer, recomendar, regar*, sembrar, sentar*, etc.

– Verbos como *poder* (*o>ue*): *acordar, acostar, almorzar, aprobar, avergonzar*, colgar*, comprobar, contar, costar, demostrar, desenvolver, doler, encontrar, llover, mostrar, oler*, probar, recordar, resolver, rogar*, soler, soltar, sonar, soñar, torcer*, volar, volver*, etc.

* Ojo, estos verbos tienen también cambios ortográficos.

▶ Los verbos que, en presente de indicativo, presentan vacilación o cierre vocálico, mantienen tal vacilación o cierre en todas las personas del presente de subjuntivo. Recuerda que este fenómeno, en presente de indicativo, no afecta a las personas *nosotros* y *vosotros*.

<table>
<tr><td colspan="2" align="center">Pedir</td></tr>
<tr><td align="center">presente de indicativo</td><td align="center">presente de subjuntivo</td></tr>
<tr><td align="center">pido</td><td align="center">pida</td></tr>
<tr><td align="center">pides</td><td align="center">pidas</td></tr>
<tr><td align="center">pide</td><td align="center">pida</td></tr>
<tr><td align="center">pedimos</td><td align="center">pidamos</td></tr>
<tr><td align="center">pedís</td><td align="center">pidáis</td></tr>
<tr><td align="center">piden</td><td align="center">pidan</td></tr>
</table>

– Verbos como *pedir* (*e>i*): *competir, conseguir*, despedir, elegir*, freír, impedir, medir, reír, repetir, seguir*, servir, sonreír, vestir*, etc.

* Ojo, estos verbos tienen también cambios ortográficos.

▶ Los verbos de la tercera conjugación *(-ir)* que diptongan, además de mantener el diptongo en las mismas personas que en presente de indicativo, presentan vacilación o cierre vocálico en las dos primeras personas del plural.

Sentir	Dormir
sienta	duerma
sientas	duermas
sienta	duerma
sintamos	durmamos
sintáis	durmáis
sientan	duerman

– Verbos como *sentir* (*e>ie* e *i*): *advertir, arrepentirse, convertir, divertirse, hervir, mentir, pervertir, preferir, sugerir,* etc.

– Verbos como *dormir* (*o>ue* y *u*): *morir.*

▶ **Todos los verbos cuya primera persona singular del presente de indicativo es irregular presentan esa misma irregularidad en todas las personas del presente de subjuntivo.**

Tener	Hacer	Decir	Poner	Huir	Ofrecer
tenga	haga	diga	ponga	huya	ofrezca
tengas	hagas	digas	pongas	huyas	ofrezcas
tenga	haga	diga	ponga	huya	ofrezca
tengamos	hagamos	digamos	pongamos	huyamos	ofrezcamos
tengáis	hagáis	digáis	pongáis	huyáis	ofrezcáis
tengan	hagan	digan	pongan	huyan	ofrezcan

– Verbos como *tener* (-*ga*): *caer*, hacer*, oír*, venir, salir,* etc.

– Verbos como *huir* (-*ya*): *concluir, constituir, destruir, diluir, disminuir, distribuir, influir, reconstruir, sustituir,* etc.

– Verbos como *ofrecer* (*c>zc*): *agradecer, aparecer, conocer, crecer, embellecer, empobrecer, enriquecer, enrojecer, entristecer, envejecer, favorecer, fortalecer, merecer, nacer, obedecer, padecer, parecer, restablecer, traducir,* etc.

* Ojo, estos verbos tienen también cambios ortográficos.

▶ **Verbos especialmente irregulares en este tiempo:**

Dar	Estar	Haber	Ir	Saber	Caber	Ser
dé	esté	haya	vaya	sepa	quepa	sea
des	estés	hayas	vayas	sepas	quepas	seas
dé	esté	haya	vaya	sepa	quepa	sea
demos	estemos	hayamos	vayamos	sepamos	quepamos	seamos
deis	estéis	hayáis	vayáis	sepáis	quepáis	seáis
den	esten	hayan	vayan	sepan	quepan	sean

1. PRESENTE DE SUBJUNTIVO

Ejercicios

1 **El presente de subjuntivo.**
Subraya las formas que correspondan al presente de subjuntivo.

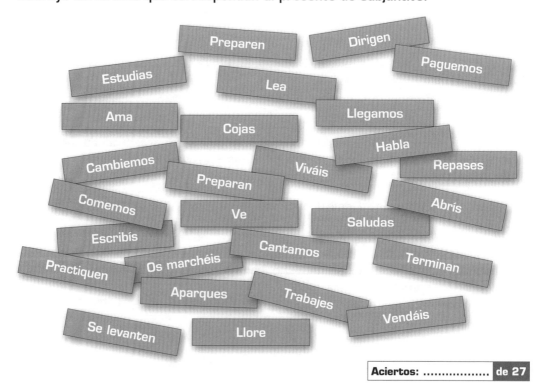

Preparen · Dirigen · Paguemos · Estudias · Lea · Llegamos · Ama · Cojas · Habla · Cambiemos · Viváis · Repases · Preparan · Comemos · Ve · Abrís · Saludas · Escribís · Cantamos · Practiquen · Os marchéis · Terminan · Aparques · Trabajes · Vendáis · Se levanten · Llore

Aciertos: .... de 27

2 **Identificar la forma.**
Subraya el presente de subjuntivo.

Ej.: *Les he dicho que me **ayudan** / **ayuden** a encontrar una solución.*

1. Quiero que me *hables* / *hablas* de tus nuevos amigos.
2. Esa chaqueta, mándala a la tintorería para que no se *estropee* / *estropeara*.
3. Ojalá hoy el coche *arranca* / *arranque* sin problemas.
4. Les voy a pedir que me *den* / *dan* las llaves de su casa.
5. Para que no los *vuelvan* / *vuelven* a suspender, han empezado a estudiar.
6. Espero que Lucas *sepa* / *sabe* lo que tiene que hacer.
7. Necesito que *recojas* / *recoges* unos libros en la biblioteca.
8. Es obligatorio que te *pones* / *pongas* corbata para ir a ese local.
9. Os sugiero que hoy no le *pedís* / *pidáis* nada a papá porque está enfadado.
10. Mañana, es probable que *vienen* / *vengan* los tíos a comer a casa.
11. Cuando *sabes* / *sepas* cómo ir al aeropuerto, dímelo.

Aciertos: .... de 11

3 **Presente irregular.**
Escribe la primera persona singular y plural del presente de subjuntivo.

Ej.: *Querer: quiera /* **queramos**

1. Dormir:	....	14. Morir:	....
2. Volver:	....	15. Entender:	....
3. Pensar:	....	16. Elegir:	....
4. Pedir:	....	17. Acostarse:	....
5. Torcer:	....	18. Divertirse:	....
6. Comenzar:	....	19. Cerrar:	....
7. Poder:	....	20. Recordar:	....
8. Servir:	....	21. Contar:	....
9. Sentir:	....	22. Repetir:	....
10. Jugar:	....	23. Preferir:	....
11. Seguir:	....	24. Soñar:	....
12. Encontrar:	....	25. Atravesar:	....
13. Sentarse:	....		

Aciertos: .... **de 25**

4 **Presente irregular.**
A continuación te ofrecemos unas formas verbales en presente de indicativo.
Cámbialas al presente de subjuntivo.

Ej.: *Somos:* **seamos**

1. Tienen:	....	15. Salen:	....
2. Vas:	....	16. Traduzco:	....
3. Oímos:	....	17. Hemos:	....
4. Hace:	....	18. Doy:	....
5. Pongo:	....	19. Vamos:	....
6. Se caen:	....	20. Se parece:	....
7. Decimos:	....	21. Tenemos:	....
8. Traen:	....	22. Oyen:	....
9. Convences:	....	23. Decís:	....
10. Vienes:	....	24. Salimos:	....
11. Sé:	....	25. Caben:	....
12. Dais:	....	26. Sustituís:	....
13. Ofreces:	....	27. Estás:	....
14. Huimos:	....		

Aciertos: .... **de 27**

1. PRESENTE DE SUBJUNTIVO

Ejercicios

5 **Usos del presente de subjuntivo.**
Relaciona.

Ej.: *¡Ojalá en el concierto*

1. Me molesta mucho que
2. He llamado a mis primos para que
3. En la escuela le han recomendado que
4. Por favor, abre la puerta para que
5. Mañana, puede que la abuela
6. En mi próxima fiesta, quiero que
7. Mis padres me exigen que
8. No conozco a nadie que
9. Vete a tu casa antes de que
10. Chicos, es necesario que
11. Mi padre me aconseja que

a. vengan a ayudarnos.
b. pueda salir el gato al jardín.
c. te pongas mi ropa.
d. les diga con quién salgo y dónde voy.
e. navegue tanto por Internet como tú.
f. todo el mundo se divierta mucho.
g. esta noche durmáis en otra habitación.
h. nos haga una tarta para merendar.
i. me ofrezca voluntario para ese trabajo.
j. ***toquen mis canciones favoritas!***
k. sea demasiado tarde para ti.
l. estudie un poco más para los exámenes.

> **Aciertos:** .... **de 11**

6 **Identificar.**
Indica qué verbo de la columna de la derecha completa cada frase.

Ej.: *¡Ojalá los niños no **salgan** otra vez tarde de la escuela.*

1. No creo que .... razón en lo que dices.
2. El público le pide que .... siempre la misma canción.
3. No quiero que os .... más esa ropa. Está muy vieja.
4. Aunque los niños .... bien en la escuela, voy a contratar a un profesor particular.
5. El profesor ha dicho que .... mañana a clase los libros nuevos.
6. Espero que no .... demasiada gente en la conferencia.
7. ¡Ojalá nos .... a nosotros como representantes del grupo!
8. Niños, quiero que .... buenos y os portéis bien en la fiesta.
9. ¿Te apetece que .... una tarta para mañana?
10. Ya es muy tarde para que .... Luisa a verte.
11. No conozco a nadie que .... las traducciones tan bien como él.

a. tengas
b. vayan
c. hagamos
d. traigamos
e. toque
f. venga
g. haya
h. seáis
i. ***salgan***
j. pongáis
k. elijan
l. corrija

> **Aciertos:** .... **de 11**

7 **Formar el presente de subjuntivo.**
Utiliza el presente de subjuntivo en las siguientes frases.

Ej.: *Puede que (ir, nosotros)* **vayamos** *al cine esta noche.*

1. Necesito un libro donde (estar) .... bien explicado el tema de la subordinación.
2. Es conveniente que (leer, vosotros) .... un poco más.
3. Han elaborado un plan para que se (reducir) .... los gastos en la empresa.
4. Tráeme el plano para que te (poder, yo) .... indicar dónde está el instituto.
5. No es posible que los niños (salir) .... hoy tan pronto de la escuela.
6. Te he dicho que (traer) .... el primer plato que (ver) .... en la cocina.
7. Me gusta que mis hermanos me (traer) .... recuerdos de sus viajes.
8. Quiero que me (corregir, vosotros) .... estas frases.
9. Le voy a pedir al jefe que nos (dar) .... más tiempo para terminar el trabajo.
10. Necesito que (oír, tú) .... estos CD y me (decir) ....si te gustan.
11. Es una pena que los jefes no le (hacer) .... trabajar en lo que más le gusta.
12. No conozco a nadie que (tener) .... tanta suerte como tú.
13. Nos han prohibido que (ir) .... a la fiesta solos.
14. No me iré hasta que no (saber, yo) .... dónde está mi hermana.

Aciertos: .... de 16

8 **De nuevo.**
Utiliza el presente de subjuntivo en las siguientes frases.

Ej.: *Es necesario que (arreglar, vosotros)* **arregléis** *un poco vuestra habitación.*

1. En cuanto me (dar, ellos) .... las notas, llamaré a mis padres.
2. No creo que Luis (saber) .... dónde está mi hermano.
3. Es una pena que (poner, vosotros) .... tan poco interés en lo que hacéis.
4. Tráeme el primer cuaderno que (ver) .... en el despacho de papá.
5. Es mejor que (empezar, tú) .... a estudiar enseguida.
6. Pruébate el vestido para que (poder, nosotros) .... ver si te está bien.
7. Papá quiere que (colocar, nosotros) .... los libros en esa estantería.
8. Puede que me (ofrecer, ellos) .... un buen puesto de trabajo.
9. Me apetece que mi madre hoy (hacer) .... tortilla para cenar.
10. Han comprado unos altavoces para que la gente (oír) .... mejor las instrucciones.

Aciertos: .... de 10

1. PRESENTE DE SUBJUNTIVO

Consolida

9 **Completa con uno de los verbos del recuadro en presente de subjuntivo.**

a. caerse	b. resolver	c. **servir**	d. llegar	e. ser	f. poner
g. seguir	h. parecer	i. saber	j. haber	k. ir	l. dar

Ej.: *¡Ojalá este aparato* **sirva** *para abrir esas botellas!*

1. Espero que Lucía no .... otra vez con la nieve.
2. Puede que Pedro y Juana no .... a tiempo al cine porque hay mucho tráfico.
3. Te he traído este traje para que te lo .... mañana en la ceremonia.
4. Quiero que .... siendo mi mejor amigo, así que no voy a contarle lo que pasó.
5. No creo que .... con ellos a la fiesta. Estoy cansado.
6. Es necesario que mi padre .... ese problema cuanto antes.
7. ¡Ojalá nos .... la ayuda económica que hemos solicitado!
8. No conozco a nadie que .... tantos idiomas como él.
9. No creo que esta noche .... nada interesante en la televisión.
10. Puede que ese médico no .... tan bueno como dicen.
11. Espero que no te .... mal, pero no puedo acompañarte mañana.

Aciertos: .... de 11

10 **Transforma las frases como en el ejemplo.**

Ej.: *Me han dicho que pones mucho interés en el estudio.*
Me gusta que **pongas mucho interés en el estudio.**

1. Veo que fumas mucho.
   No quiero que ....

2. He notado que usas mis jerséis.
   Espero que no ....

3. Me han dicho que eres imprudente conduciendo.
   Te aconsejo que no ....

4. Sé que vas con frecuencia al gimnasio.
   Me agrada que ....

5. Luis me ha dejado de llamar.
   Es una pena que Luis no...

Aciertos: .... de 5

2. PRETÉRITO PERFECTO DE SUBJUNTIVO

Observa

[Ojalá haya vuelto a casa.]

FORMA

Presente de subjuntivo del verbo *haber* + participio pasado

(Yo)	haya	
(Tú)	hayas	(AMAR): am-ado
(Él/Ella/Usted)	haya	(BEBER): beb-ido
(Nosotros/as)	hayamos	(VIVIR): viv-ido
(Vosotros/as)	hayáis	
(Ellos/Ellas/Ustedes)	hayan	

Regla

El **pretérito perfecto de subjuntivo** se forma con el **presente de subjuntivo** del verbo **haber** seguido del **participio pasado** del verbo que se conjuga.

Hay una serie de participios irregulares. En la formación de los tiempos compuestos, el participio es invariable.

2. PRETÉRITO PERFECTO DE SUBJUNTIVO

Ejercicios

1 ¿Recuerdas el participio pasado?
Piensa el participio de los siguientes verbos y clasifícalo según su terminación.

a. **dormir** b. leer c. decir d. hacer e. abrir f. poner g. ver h. pensar i. ir
j. soñar k. romper l. pedir m. morir n. satisfacer o. aparcar p. comenzar
q. conocer r. escribir s. volver t. preferir u. creer v. cubrir w. reír x. salir

Terminados en -ADO:	Terminados en -IDO:	Terminados en -TO:	Terminados en -CHO:
....	*dormido*	....	....
....	....	....	....
....	....	....	....
....	....	....	....
....	....	....	....
....	....	....	....
....	....	....	....
....	....	....	....

Aciertos: .... de 23

2 Formar el pretérito perfecto de subjuntivo.
Transforma las siguientes formas del presente en pretérito perfecto de subjuntivo.

Ej.: *Salgas:* **hayas salido**

1. Duermas: ....
2. Volváis: ....
3. Piensen: ....
4. Pidamos: ....
5. Jueguen: ....
6. Abras: ....
7. Puedas: ....
8. Sirva: ....
9. Sientan: ....
10. Hagas: ....
11. Entiendas: ....
12. Diga: ....
13. Mueran: ....
14. Sean: ....
15. Vayáis: ....

Aciertos: .... de 15

3 **Usos del pretérito perfecto de subjuntivo.**
Utiliza el pretérito perfecto de subjuntivo en las siguientes frases.

Ej.: *Si no están en casa, puede que (ir, ellos)* **hayan ido** *al cine.*

1. Por favor, cuando (hacer, tú) .... todos los ejercicios, avísame.
2. No está bien que (salir, vosotros) .... con ellos esta mañana.
3. ¡Qué frío! ¡Ojalá nos (poner, ellos) .... ya la calefacción!
4. Aunque te (sentar) .... mal lo que te he dicho, lo he hecho por tu bien.
5. Es raro que no (salir) .... todavía de casa. Suelen hacerlo a las ocho.
6. Hasta que no (volver) .... vuestros padres, estaré aquí con vosotros.
7. Me parece mal que mi amiga no me (traer) .... ningún regalo de cumpleaños.
8. Es una pena que no (ir, vosotros) .... esta mañana a clase.
9. Tenemos que hablar después de que (terminar, tú) .... de hacer tu tesina.
10. Espero que no (oír, ellos) .... nada de lo que hemos dicho.
11. ¿Has visto la película *Nadie hablará de nosotras cuando* (morir) .... ?
12. No os dejaré salir hasta que no me (contar, vosotros) .... lo que pasó ayer.
13. Me alegro mucho de que (poder, tú) .... venir a verme.

Aciertos: .... de 13

4 **De nuevo.**
Utiliza el pretérito perfecto de subjuntivo en las siguientes frases.

Ej.: *Os compraré un estuche nuevo solo cuando se os (romper)* **haya roto** *el que tenéis.*

1. No conozco a nadie que (volver) .... con vida de una aventura tan peligrosa.
2. ¡Qué lástima que (ir, ella) .... a la fiesta sola!
3. No me iré hasta que no (terminar, tú) .... de hacer los ejercicios.
4. Es increíble que le (ver, nosotros) .... en compañía de esa gente.
5. Espero que (hacer, vosotros) .... bien la prueba de esta mañana.
6. Es una pena que no (llamarte, ellos) .... para ese trabajo.
7. Es imposible que Antonia no (llegar) .... todavía a su casa.
8. Espero que Marta le (devolver) .... ya los libros a Federico.
9. No creo que esta mañana le (decir, ellos) .... si tiene que operarse o no.
10. No es justo que me (hacer, ella) .... una cosa así. Somos muy buenas amigas.

Aciertos: .... de 10

Consolida

5 Completa con uno de los verbos del recuadro en pretérito perfecto de subjuntivo.

a. pensar	b. hacer	c. dar	d. poner	e. ser	f. decir
g. oír	h. haber	i. *ir*	j. servir	k. ver	l. escribir

Ej.: *No creo que mis amigos **hayan ido** ya a ver esa película.*

1. Espero que .... todas vuestras cosas en su sitio.
2. Cuando .... esa obra de teatro, llámame para decirme si es buena.
3. ¡Ojalá ya .... a los niños cuándo empiezan las vacaciones!
4. Me sorprende que .... que os he engañado.
5. Espero que mi madre .... tarta de queso para cenar.
6. Me parece mal que no le .... las notas a vuestros padres.
7. Es raro que Álvaro no me .... todavía ninguna carta.
8. Siento que la conferencia .... tan aburrida.
9. Espero que los esquemas que os presté os .... para estudiar mejor.
10. ¡Ojalá los vecinos no .... los ruidos que hemos hecho!
11. Es extraño que .... tan poco público en el recital de piano.

Aciertos: .... **de 11**

6 Completa las siguientes frases utilizando el pretérito perfecto de subjuntivo.

Ej.: *Marcos come muy pronto, pero hoy no creo que **haya comido** todavía.*

1. Mi hermano hace los deberes antes de merendar pero hoy no creo que .....
   ....
2. Mi tía va al mercado todas las mañanas pero hoy, con la nieve que hay, es difícil que ....
   ....
3. Juan se pone siempre el abrigo negro, pero hoy, con el calor que hace, no creo que ....
   ....
4. Mi vecino nos devuelve siempre los vídeos que le prestamos, pero ese que me pides no creo que ....
   ....
5. Los abuelos ven siempre el telediario, pero hoy es probable que ....
   ....

Aciertos: .... **de 5**

3. PRETÉRITO IMPERFECTO DE SUBJUNTIVO

Observa

[Ojalá vinieran pronto.]

FORMA

	CANTAR	BEBER	VIVIR
(Yo)	Cant-ara/ase	Beb-iera/iese	Viv-iera/iese
(Tú)	Cant-aras/ases	Beb-ieras/ieses	Viv-ieras/ieses
(Él/Ella/Usted)	Cant-ara/ase	Beb-iera/iese	Viv-iera/iese
(Nosotros/as)	Cant-áramos/ásemos	Beb-iéramos/iésemos	Viv-iéramos/iésemos
(Vosotoros/as)	Cant-arais/aseis	Beb-ierais/ieseis	Viv-ierais/ieseis
(Ellos/Ellas/Ustedes)	Cant-aran/asen	Beb-ieran/iesen	Viv-ieran/iesen

Regla

Este tiempo presenta en español dos formas en cada una de las tres conjugaciones. **Las formas de la segunda y la tercera conjugación coinciden.**

A efectos prácticos, el **pretérito imperfecto de subjuntivo se forma a partir de la tercera persona del plural** *(ellos/ellas/uds.)* **del pretérito perfecto simple.**
Por tanto, todos los verbos irregulares en ese tiempo (pretérito perfecto simple), sin excepciones, mantienen su irregularidad en pretérito imperfecto de subjuntivo.

3. PRETÉRITO IMPERFECTO DE SUBJUNTIVO

Ejercicios

1 **Identificar el imperfecto de subjuntivo.**
Subraya la forma que corresponda al pretérito imperfecto de subjuntivo.

Ej.: *Les dije que me* **ayuden** / **ayudasen** *a encontrar una solución.*

1. Me gustaría que me *hablas / hablaras* de tus nuevos amigos.
2. Abrieron la ventana para que *salía / saliera* el gato.
3. Me regaló unos libros para que *leyera / leímos* más.
4. ¡Ojalá me *tocara / toque* a mí el primer premio!
5. Lo llevaron a la comisaría para que *reconozca / reconociera* a su agresor.
6. Les rogué que me *darán / dieran* los documentos que se habían llevado.
7. Para que no os *vuelvan / volvieran* a castigar, tendríais que ser más aplicados.
8. Esperaba que Javier *supiera / sabía* dónde teníamos que ir.
9. Me dio rabia que, en aquella ocasión, *querías / quisieras* engañarnos.
10. Estuvo bien que te *pusieras / pongas* el traje blanco para aquella ceremonia.
11. Os recomendé que no le *pedisteis / pidierais* eso a papá porque sabía que no os lo daría.
12. Me pidió que *estuviera / estuvo* a su lado durante la reunión.
13. De pequeños, era necesario que *durmamos / durmiéramos* muchas horas.
14. Era imposible que, el otro día, Luis no *sabe / supiera* qué contestarte.
15. El profesor me dijo que le *entregue / entregara* los ejercicios.

Aciertos: .... de 15

2 **Imperfecto regular.**
Transforma las siguientes formas verbales del presente de indicativo al pretérito imperfecto de subjuntivo.

Ej.: *Vendéis:* **Vendierais / Vendieseis**

1. Hablan: ....
2. Bebes: ....
3. Ama: ....
4. Comemos: ....
5. Abrís: ....
6. Llora: ....
7. Ve: ....
8. Saludo: ....
9. Llegamos: ....
10. Os marcháis: ....
11. Cantamos: ....
12. Dirigen: ....
13. Se levantan: ....

Aciertos: .... de 13

3 **Imperfectos irregulares.**

Clasifica los verbos por su irregularidad y escribe la primera persona del pretérito imperfecto de subjuntivo. (Algunos verbos pueden tener más de una irregularidad).

| a. *querer* b. hacer c. reducir d. andar e. poder f. haber |
| g. producir h. caber i. decir j. traer k. saber l. estar |
| m. tener n. venir o. poner |

Vocal radical -u-	Vocal radical -i-	Incorporación consonante -v-	Incorporación consonante -j-
....	*Quisiera-quisiese*	....	....
....		....	....
....	....	....	....
....	....	....	....
....	....	....	....
....	....	....	....
....	....	....	....
....	....	....	....

Aciertos: .... de 14

4 **Verbos con cambios.**

Completa las siguientes formas de imperfecto de subjuntivo colocando las vocales que faltan.

Ej.: *Ser (nosotros)* - **Fuéramos**

1. Poder (tú) - P_d_ _ s_s
2. Ir (ellos) - F_ _r_n
3. Oír (nosotros) - _y_r_m_s
4. Hacer (él) - H_c_ _r_
5. Poner (vosotros) - P_s_ _s _ _s
6. Decir (yo) - D_j_s_
7. Convencer (tú) - C_nv_nc_ _r_s
8. Venir (usted) - V_n_ _r_
9. Saber (nosotros) - S_p_ _s_m_s
10. Estar (él) - _st_v_ _r_
11. Tener (ellos) - T_v_ _s_n

12. Huir (nosotros) - H_y_r_m_s
13. Ver (yo) - V_ _r_
14. Traducir (ella) - Tr_d_j_r_
15. Haber (nosotros)- H_b_ _s_m_s
16. Conducir (tú) - C_nd_j_r_s
17. Andar (ustedes) - _nd_v_ _s_n
18. Creer (él) - Cr_y_r_
19. Sentir (nosotros)- S_nt_ _r_m_s
20. Traer (tú) - Tr_j_r_s
21. Caber (ella) - C_p_ _r_

Aciertos: .... de 21

3. PRETÉRITO IMPERFECTO DE SUBJUNTIVO

Ejercicios

5 **Otros verbos irregulares.**
Escribe la segunda persona del singular del pretérito imperfecto de subjuntivo, según el ejemplo.

Ej.: *Reírse:* **te rieras / te rieses**

1. Pedir: ....
2. Creer: ....
3. Sentir: ....
4. Dormir: ....
5. Servir: ....
6. Leer: ....
7. Huir: ....
8. Venir: ....
9. Ir: ....
10. Preferir: ....

11. Seguir: ....
12. Oír: ....
13. Vestirse: ....
14. Morir: ....
15. Despedir: ....
16. Elegir: ....
17. Caer: ....
18. Ser: ....
19. Ver: ....

Aciertos: .... de 19

6 **Usos del imperfecto de subjuntivo.**
Utiliza el pretérito imperfecto de subjuntivo en las siguientes frases.

Ej.: *Te dije que era peligroso para que (tener, tú)* **tuvieras / tuvieses** *cuidado.*

1. ¿Te molestaría que (ir, nosotros) .... a cenar con los González?
2. Sería conveniente que (leer, vosotros) .... el periódico más a menudo.
3. Habían elaborado un plan de prevención para que se (reducir) .... los riesgos laborales.
4. ¿Os importaría que (ver, nosotros) .... la habitación que alquiláis?
5. Si (saber, yo) .... dónde está su hijo, se lo diría inmediatamente.
6. Me llevó el mapa para que le (poder, yo) .... indicar la ruta que tenía que seguir.
7. No era posible que toda aquella ropa (caber) .... en un solo armario.
8. Te dije que (escoger, tú) .... el mejor producto que (ver, tú) ....
9. Me encantaría que alguien me (traer) .... la compra a casa.
10. Quisiera que me (hacer, ellos) .... un corte de pelo más moderno.
11. ¡Ojalá el jefe nos (dar) .... más días de permiso!
12. Cerró la puerta para que nadie (oír) .... lo que estaban diciendo.
13. Fue una lástima que no le (hacer) .... bien el traje en aquella sastrería.
14. Prometí que, en cuanto me (dar) .... la noticia, llamaría a todo el mundo.
15. Me gustaría que Andrés (ser) .... más simpático contigo.

Aciertos: .... de 16

7 **De nuevo.**
Utiliza el pretérito imperfecto de subjuntivo en las siguientes frases.

Ej.: *Antes tenía mucho tiempo libre, de ahí que (leer)* **leyera / leyese** *tantas novelas.*

1. Te pedí que no (decir, tú) .... nada de lo ocurrido.
2. Nos prohibieron que (poner) .... nuestras cosas fuera de la habitación.
3. No me gustaría que se (creer, él) .... lo que le contamos ayer.
4. Esperaba que Andrés (conducir) .... mejor que su hermano.
5. ¡Ojalá ellos (elegir) .... un representante más serio!
6. Antes de que se (dar, él) .... cuenta, la enfermera ya le había puesto la inyección.
7. Estaría bien que en el próximo examen (obtener, él) .... más puntos.
8. Si yo (querer) ...., conseguiría que Julia no se marchara.
9. Bastaba con que (decir, vosotros) .... la verdad para que os (perdonar, él) ....
10. Si te (pedir) .... tus apuntes, ¿me los dejarías?
11. Quería que el domingo (hacer) .... buen tiempo para que su padre los (llevar) .... de excursión.
12. Por mucho que (andar) ...., nunca llegarías a su casa. Vive realmente lejos.
13. ¡Ojalá (tener, él) .... suerte y (ir, él) .... a un hotel de su agrado!
14. Le concedieron una beca para que (seguir) .... estudiando.

Aciertos: .... de 17

8 **Pretérito imperfecto de subjuntivo.**
Completa con los verbos del recuadro en pretérito imperfecto de subjuntivo.

a. leer	b. querer	c. estar	d. ser	e. llegar
f. saber		g. haber	h. **caerse**	

Ej.: *Pusieron unos refuerzos para evitar que el cartel* **se cayera / se cayese**.

1. Le pedí que nos .... otra vez aquellas poesías tan bonitas.
2. No sabía que .... tanta gente matriculada en esta facultad.
3. Si tú ...., podrías aprobar todas las asignaturas.
4. Alquilé una casa en un pueblo para que los niños .... unos días en la sierra.
5. Me gustaría que vosotros .... un poco más de historia.
6. Era necesario que nosotros .... al trabajo antes de las ocho.
7. Ojalá mañana .... otra vez domingo y no lunes.

Aciertos: .... de 7

3. PRETÉRITO IMPERFECTO DE SUBJUNTIVO

Consolida

9 **A partir de las frases que te ofrecemos, crea otras con sentido completo.**

Ej.: *Aquí sirven las bebidas poco frías.*
*Me gustaría que **sirvieran / sirviesen** las bebidas muy frías.*

1. Creo que eres poco amable con los vecinos.
Me encantaría que ....

2. Esa ropa no es adecuada para la fiesta. No te la pongas.
No me gustaría que ....

3. Casi nunca me hacen regalos por mi cumpleaños.
Me gustaría mucho que ....

4. Mis hijos no traen buenas notas del colegio.
Me gustaría que ....

5. Sospecho que alguien lee mi correspondencia.
Me molestaría mucho que ....

| Aciertos: .... | **de 5** |

10 **Completa el siguiente diálogo con los verbos del recuadro en la forma correcta.**

a. caer	b. leer	c. ser	d. poder	e. ver
f. traer	g. equivocarse	h. ***decir***	i. haber	j. tener

– Estaría bien que Lucía nos ***dijera*** en qué hotel se encontró mejor el año pasado durante sus vacaciones. Así, si nosotros (1) .... ir al mismo, habríamos resuelto un problema. Bueno, claro, siempre que (2) .... posible y (3) .... todavía sitio.

– La verdad es que yo preferiría que nos (4) .... algunos folletos turísticos y que (5) .... nosotros dónde alojarnos.

– Mira, vista la experiencia pasada, sería mejor que no (6) .... en el mismo error de siempre. Aunque (7) .... y (8) .... mil folletos, nunca tendríamos la seguridad de haber elegido bien y si (9) ....otra vez, sería un auténtico desastre. Recuerda lo que nos pasó el año pasado en las islas.

| Aciertos: .... | **de 9** |

4. PRETÉRITO PLUSCUAMPERFECTO DE SUBJUNTIVO

Observa

[Ojalá hubiera venido ya a casa.]

FORMA

Imperfecto de subjuntivo del verbo *haber* + participio pasado

(Yo)	hubiera/iese	
(Tú)	hubieras/ieses	(AMAR): am-ado
(Él/Ella/Usted)	hubiera/iese	(BEBER): beb-ido
(Nosotros/as)	hubiéramos/iésemos	(VIVIR): viv-ido
(Vosotros/as)	hubierais/ieseis	
(Ellos/Ellas/Ustedes)	hubieran/iesen	

Regla

El pretérito pluscuamperfecto de subjuntivo se forma con el pretérito imperfecto de subjuntivo del verbo **haber** seguido del participio pasado del verbo que se conjuga.

Hay una serie de participios irregulares. En la formación de los tiempos compuestos, el participio es invariable.

Ejercicios

1   **Formar el pluscuamperfecto de subjuntivo.**
Transforma las siguientes formas del presente de subjuntivo en pretérito pluscuamperfecto de subjuntivo.

Ej.: *Salga:* **hubiera / hubiese salido**

1. Leas:	....	12. Prefiráis:	....
2. Recubráis:	....	13. Traigan:	....
3. Piensen:	....	14. Muera:	....
4. Pidamos:	....	15. Seamos:	....
5. Rompáis:	....	16. Vaya:	....
6. Abramos:	....	17. Veas:	....
7. Puedas:	....	18. Escriban:	....
8. Elijamos:	....	19. Nos riamos:	....
9. Sientas:	....	20. Esté:	....
10. Durmáis:	....	21. Digan:	....
11. Hagamos:	....		

Aciertos: .... **de 21**

2   **La oración condicional.**
Relaciona.

Ej.: *Si hubiera nacido en Londres,*

1. Si hubieras hecho los deberes,
2. Si hubieras dicho la verdad,
3. Si hubieras visto esa película,
4. Si me hubieras escrito,
5. Si hubiéramos ido con Juan,
6. Si me hubieras devuelto los apuntes,
7. Si no te hubieras puesto enfermo,
8. Si hubierais comido algo,
9. Si se hubieran comportado bien,
10. Si hubieran respetado los horarios,
11. Si me hubieran invitado a su fiesta,

a. te habrías emocionado.
b. la profesora no se habría enfadado.
c. habría podido estudiar para el examen.
d. habríamos ido al festival de música.
e. no te habrían castigado.
f. no nos habríamos perdido.
g. me habrías hecho feliz.
h. **sabría hablar inglés perfectamente.**
i. habría ido con mi hermana.
j. ahora no tendríais tanta hambre.
k. su padre no se habría enfadado.
l. habría encontrado la oficina abierta.

Aciertos: .... **de 11**

3 **Usos del pluscuamperfecto de subjuntivo.**
Utiliza el pretérito pluscuamperfecto de subjuntivo en las siguientes frases.

Ej.: *Habría ido con vosotros al teatro, si me lo (decir)* **hubierais / hubieseis dicho.**

1. Les dijo que, cuando (hacer) .... todos los ejercicios, se fueran.
2. Aunque me (ayudar, tú) ...., no me habría salido bien el examen.
3. ¡Ojalá Marta le (devolver) .... sus documentos a tiempo!
4. Era raro que a las cinco no (llegar) .... todavía nadie a casa.
5. ¡Ojalá nos (poner, ellos) .... ya el aire acondicionado!
6. ¡Si (ver, tú) .... el accidente, ahora no estarías aquí!
7. Nos prohibió que saliéramos de allí hasta que no (resolverse) ....
...... el problema.
8. Si (tener, tú) .... cuidado al cocinar, no te habrías manchado
la camisa.
9. ¡Ojalá (ser, nosotros) .... más prudentes al hablar con ellos!
10. Si (haber) .... problemas con los documentos, nos habrían llamado.
11. Me parecía raro que (ver, ellos) .... a Jaime por el parque.

Aciertos: .... **de 11**

4 **Un paso más.**
Completa con uno de los verbos del recuadro en el pretérito pluscuamperfecto.

a. hacer	b. poner	c. ser	d. devolver	e. prestar
f. acabar	g. ir	h. servir	i. ver	j. *escribir*	k. llamar

Ej.: *Si me* **hubieras / hubieses escrito** *antes, te habría contestado inmediatamente.*

1. ¿Qué .... si te hubieran dicho que estabas despedida?
2. ¡Ojalá le .... este libro a Margarita cuando me lo pidió!
3. Salieron corriendo como si .... algo terrible.
4. El bibliotecario les dijo que les pondría una multa en caso de que no ....
.... los libros antes del sábado.
5. Habría sido agradable que los camareros .... un poco mejor
la comida.
6. Si .... tus tareas, ahora tendrías más tiempo libre.
7. ¡Ojalá en esa ocasión vuestro padre .... más comprensivo
con vosotros!
8. Si te .... el abrigo, no habrías pasado tanto frío.
9. Si te preguntan, compórtate como si anoche .... a la fiesta
de Raquel.
10. Aunque me .... al móvil, no me habrías encontrado.

Aciertos: .... **de 10**

4. PRETÉRITO PLUSCUAMPERFECTO DE SUBJUNTIVO

Consolida

5 Utiliza el pretérito pluscuamperfecto de subjuntivo en las siguientes frases.

Ej.: *El tren de las seis no llega hasta las nueve.*
Me gustaría que **hubiera / hubiese llegado ya**

1. Nací en un pueblecito y no en una gran ciudad.
   Ojalá ....

2. Nunca me toca la lotería.
   Me encantaría que, en el sorteo de ayer, ...

3. No hiciste los ejercicios y te suspendieron.
   No te habrían suspendido si ....

4. Ayer Luis rompió el mando a distancia.
   Ojalá no ....

5. Ayer fui al cine y no al teatro.
   Ojalá ....

6. Mi hermana todavía no ha vuelto de su viaje.
   Me gustaría que ....

7. Ayer te pusiste un traje inadecuado.
   Ojalá no ....

8. Todavía no abren el nuevo centro comercial.
   Me gustaría que ....

9. Aquel día me comporté como un cobarde.
   Ojalá ....

10. El fontanero ha dicho que viene pasado mañana.
    Me encantaría que ya ....

11. He abierto el buzón y no había nada.
    Ojalá ....

Aciertos: .... **de 11**

Tema 2

USOS DEL INDICATIVO Y DEL SUBJUNTIVO EN ORACIONES INDEPENDIENTES

PARA EXPRESAR

■ EL DESEO ....PÁG. 30
■ LA DUDA Y LA PROBABILIDAD ....PÁG. 37

1. EXPRESAR EL DESEO

Observa

[Ojalá pudiera hablar español perfectamente.]

FORMA

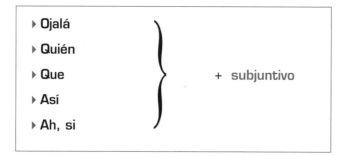

▸ **Ojalá**

▸ **Quién**

▸ **Que**   + subjuntivo

▸ **Así**

▸ **Ah, si**

 Regla

Con estas expresiones se utiliza siempre un verbo en uno de los tiempos del subjuntivo.

Usos

▶ **Ojalá**. El uso de un tiempo u otro depende del grado de probabilidad que tiene para el hablante la realización del deseo.

– Hablando en un contexto presente o futuro, el presente de subjuntivo indica mayor probabilidad de realización que el imperfecto.

Ojalá quiera ayudarme / Ojalá me llame pronto (más probable).
Ojalá quisiera ayudarme / Ojalá me llamara pronto (menos probable).

– En contextos referidos al pasado, el pretérito perfecto indica deseos que no sabemos si se han cumplido, y el pretérito pluscuamperfecto indica deseos imposibles.

Ojalá haya llegado ya a casa (puede ser, pero lo ignoro).
Ojalá me hubieran invitado a la fiesta (no me invitaron a la fiesta).

– Es posible la aparición de la forma *que* acompañando a *ojalá*.

Ojalá que llueva pronto.

▶ **Quién**. Va seguido de imperfecto (deseo improbable) o pluscuamperfecto (deseo imposible). Expresa los deseos del hablante, del **yo**.

¡Quién pudiera vivir como vive él!   *¡Quién hubiera nacido rico!*

▶ **Que**. Normalmente expresa «buenos deseos». Se suele usar con presente y pretérito perfecto.

Que seas muy feliz.   *Que no le haya pasado nada.*

▶ **Así**. Su uso se limita a «malos deseos», maldiciones. En cuanto a los tiempos, se comporta como *ojalá*.

¡Así se caiga y se rompa una pierna!   *¡Así lo hayan suspendido en el examen!*

▶ **Ah**, **si**. Expresa deseo hipotético, poco probable o imposible. Esto explica su uso con imperfecto y pluscuamperfecto de subjuntivo.

Ah, si yo fuera rico.
Ah, si no hubiéramos hecho aquel viaje.

Nota: Como **Ah**, **si**, y a un nivel expresivo más coloquial, encontramos la forma **Ya**.

¡Ya tuviera yo un coche como ese!
¡Ya me hubieran ofrecido a mí ese puesto de trabajo!

1. EXPRESAR EL DESEO

Ejercicios

1 **Expresiones de deseo.
Relaciona.**

Ej.: *¡Quién fuera*

1. Ojalá hubieras obtenido
2. Que no sea nada
3. Así le suspendan
4. Ojalá haya llegado
5. Que tengas mucha suerte
6. Ah, si mi padre fuera
7. Ojalá alguien me ayude
8. Así se arruine
9. ¡Quién hubiera tenido de joven
10. Ojalá pudiéramos tener
11. Que seáis

a. muy felices.
b. a tiempo al trabajo.
c. el trabajo que querías.
d. por ser tan mezquino.
e. por no querer estudiar conmigo.
f. tantas oportunidades como tuvo él!
g. una casita en el campo.
h. ***tan famoso como él!***
i. menos rígido e intransigente.
j. a resolver mis problemas.
k. la operación de mañana.
l. en el examen de mañana.

Aciertos: .... **de 11**

2 **Tiempos del subjuntivo.
Observa las siguientes frases y subraya la forma adecuada.**

Ej.: *¡Quién **fuera** / **sea** marinero para disfrutar siempre del mar!*

1. Parece un rey. ¡Quién *hubiera llevado / llevara* la vida que lleva él!
2. Ojalá *saliera / hubiera salido* la semana pasada con Luis.
3. Todo está ya preparado. Ojalá la fiesta *salga / hubiera salido* bien.
4. Que te *diviertas / hayas divertido* mucho con tus amigos.
5. Ah, si él me *hubiera querido / quiera* como le quise yo a él.
6. Así se le *rompa / rompiera* el coche y deje de presumir tanto.
7. Ojalá *pudiera / pueda* volver atrás. Actuaría de otra manera.
8. Que lo *paséis / paséis* muy bien mañana de excursión.
9. Ojalá lo *hubiera visto / viera* ayer cuando salía del concierto.
10. Ah, si yo *pueda / pudiera* decir todo lo que sé.
11. ¡Quién *hubiera sido / fuera* capaz de reaccionar así en aquel momento!

Aciertos: .... **de 1**

3 | **Un paso más.**
Escribe el verbo entre paréntesis en la forma adecuada.

Ej.: *Ojalá mi padre (ser)* **fuera** *una persona más abierta. Tendríamos menos problemas con él.*

1. ¡Quién (poder) .... irse de vacaciones ahora mismo!
2. De niño, ojalá (escuchar, yo) .... los consejos de mi abuela.
3. Señores, que (tener, ustedes) .... una buena estancia en este hotel.
4. Así le (partir) .... un rayo a ese mal amigo.
5. Estamos muy bien preparados. Ojalá (tener, nosotros) .... suerte en la prueba.
6. Ah, si ayer no (quedarse, yo) .... en casa y (salir, yo) .... con vosotros.
7. Esta vez siento que estoy de suerte, así que ojalá me (tocar) .... la lotería.
8. Hasta pronto, hijos míos, y que (tener) .... un buen viaje.
9. Ah, si yo (ser) .... una persona más afortunada en mi juventud.
10. No te pongas nerviosa y que te (salir) .... bien la prueba.
11. No me quiere devolver el dinero. Así se lo (robar, ellos) .... todo.
12. Es difícil, pero ojalá Manuel (venir) .... a verme antes del verano.

Aciertos: .... de 13

4 | *Ojalá.*
Escribe el verbo entre paréntesis en la forma adecuada.

Ej.: *Mira cómo está el cielo. Ojalá (empezar)* **empiece** *a nevar pronto.*

1. Ojalá (tener, ellos) .... un futuro feliz. Se quieren tanto...
2. Ojalá (ir, yo) .... ayer al concierto contigo. Habría visto a mi cantante favorito.
3. Ya estoy cansado de las clases. Ojalá (acabar) .... mañana mismo el curso.
4. Ojalá (conseguir) .... ese trabajo, tienes las mejores referencias.
5. Ojalá nos (recibir) .... el director. La secretaria ha dicho que no está ocupado.
6. Así no vamos a ninguna parte. Ojalá (saber, nosotros) .... hablar más idiomas.
7. Me siento mayor. Ojalá (tener) .... algunos años menos.
8. Ojalá mi padre me (comprar) .... lo que le he pedido por mi cumpleaños.
9. Ojalá (terminar, tú) .... ya. Ahora estarías libre y podríamos salir.
10. Ojalá (estar, nosotros) .... ahora a 25 de diciembre.
11. ¡Qué tarde vamos a llegar a buscarlo! Ojalá no (llegar) .... todavía su vuelo.
12. ¡Cómo me cuesta estudiar inglés! Ojalá (nacer) .... en Gran Bretaña.

Aciertos: .... de 12

Ejercicios

5 ¿Qué le/s dirías?
Expresa buenos deseos a otra/s persona/s.

Ej.: A un amigo antes de una entrevista de trabajo.
Tener suerte. ***Que tengas suerte.***

1. A un conocido. Sabes que su madre no está bien.
   Mejorarse. ....

2. Tus padres están comiendo.
   Aprovechar. ....

3. Dos amigos se van a casar.
   Ser feliz. ....

4. Un amigo va al médico por un dolor.
   No ser nada. ....

5. Tus hermanos se van a acostar.
   Dormir bien. ....

6. Tu tío se va a casa porque está muy cansado.
   Descansar. ....

7. Tus padres se van a una fiesta.
   Pasárselo bien. ....

8. A una amiga, el día de su cumpleaños.
   Cumplir muchos más. ....

9. Tu vecino se va fuera.
   Tener buen viaje. ....

10. Unos conocidos se cambian de ciudad.
    Irles bien. ....

11. Tu hermana va a una reunión de amigos.
    Divertirse. ....

12. A un amigo antes de una prueba.
    Salirle bien. ....

13. Un amigo va a un acto muy aburrido.
    Ser leve. ....

14. A un compañero de trabajo que se queda en la oficina.
    Cundirte. ....

Aciertos: .... **de 1**

Consolida

6 **Completa cada frase con un verbo del recuadro.**

| a. pudiéramos | b. *sea* | c. hayan hecho | d. paséis | e. llegue |
| f. tocara | g. vaya | h. supiera | i. retiraran | j. tengas |

Ej.: *Que no **sea** nada grave el dolor que sientes en la espalda.*

1. Ojalá .... comprarnos una casa más grande.
2. Así le .... mal en todos los negocios que monte.
3. Ojalá los niños .... bien el examen de esta mañana.
4. Que .... unas buenas vacaciones en París.
5. ¡Quién .... cantar como él!
6. Ojalá su avión no .... con retraso.
7. Así le .... el carné de conducir a ese temerario.
8. Dices que Mateo nos está engañando. Ojalá no .... razón.
9. ¡Quién .... el piano como el maestro Gálvez!

Aciertos: .... **de 9**

7 **Imagina que, a punto de finalizar un año, decides escribir un decálogo de los buenos deseos e intenciones para el año que va a empezar. Utiliza las formas *ojalá* y *que* + subjuntivo.**

Ej.: *Ojalá me vaya todo muy bien.*
Que solo pasen cosas buenas en el mundo.

1. ....
2. ....
3. ....
4. ....
5. ....
6. ....
7. ....
8. ....
9. ....
10. ....

Aciertos: .... **de 10**

1. EXPRESAR EL DESEO

Consolida

8 Reacciona libremente a las siguientes situaciones que te plantea un compañero. Intenta proponer dos respuestas diferentes cuando lo creas posible.

Ej.: – ¿Sabes? Últimamente tengo muchos problemas con el ordenador.
  – *Ojalá no sea nada.*
  – *Que se resuelvan pronto.*

1. – ¿Sabes? Estoy muy preocupado por el examen de mañana.
....
....

2. – Luis se ha ido a casa porque no se encontraba bien.
....
....

3. – Mañana quiero ir de excursión con mis amigos.
....
....

Aciertos: .... **de 3**

9 Leyendo una revista, comienzas a fantasear sobre un personaje famoso. ¿Qué dirías?

Ej.: *¡Quién hubiera nacido tan rico como él!*
  ¡Quién escribiera tan bien como lo hace ella!

1. ....
2. ....
3. ....
4. ....
5. ....
6. ....
7. ....
8. ....
9. ....
10. ....

Aciertos: .... **de 1(**

2. EXPRESAR LA DUDA Y LA PROBABILIDAD

Observa

No ha venido. A lo mejor se ha olvidado de la cita.

FORMA

▸ Tal vez
Quizá(s)
Acaso
Probablemente
Posiblemente
Seguramente
+ indicativo / subjuntivo

▸ A lo mejor
Igual
Lo mismo
Seguro que
+ indicativo

▸ Puede (ser) que
+ subjuntivo

Regla

Se utiliza el indicativo o el subjuntivo dependiendo de las expresiones de duda o probabilidad. Hay expresiones que admiten los dos modos verbales, utilizar uno u otro depende del grado de certidumbre o conocimiento.

2. EXPRESAR LA DUDA Y LA PROBABILIDAD

Usos

▶ *Tal vez / quizá(s) / acaso* (menos usado) / *probablemente / posiblemente* llevan indicativo cuando el grado de duda sobre lo expresado es menor, y subjuntivo cuando el grado de duda es mayor.

Tal vez estáis aburridos (menos duda).
Tal vez estéis aburridos (más duda).

Quizás mintió ante el juez (menos duda).
Quizás mintiera ante el juez (más duda).

– Aunque el uso del indicativo con estas formas se está extendiendo cada vez más, en español culto se prefiere el *subjuntivo*, sobre todo si nos referimos al futuro.

Mañana quizás vayamos al circo.

– Si la partícula va detrás del verbo, el uso del *indicativo* es obligatorio.

Juan es, tal vez, mi mejor amigo.
Maica está, quizás, más enferma de lo que parece.

▶ Atención: no confundas *probablemente / posiblemente* con *es probable* o *es posible*, pues estas últimas admiten solo el subjuntivo.

Probablemente está / esté en casa.
Es probable que esté en casa.

Posiblemente iremos / vayamos al cine.
Es posible que vayamos al cine.

▶ *A lo mejor, igual* y *lo mismo* llevan siempre indicativo.

Ponle el termómetro al niño porque a lo mejor tiene fiebre.
Igual María se ha acordado de comprar pan para la cena.
¿Dónde se habrá metido el perro? Lo mismo se ha escapado.

Seguro que y *seguramente* expresan posibilidad y no certeza.
Seguro que lleva indicativo. *Seguramente* admite indicativo y subjuntivo aunque predomina el uso del indicativo al expresar probabilidad muy alta.

Voy a prepararos unos bocadillos porque seguro que tenéis hambre.
No llames ahora a su casa porque seguramente no hay nadie.

▶ *Puede (ser) que* lleva siempre subjuntivo.

Dale un jersey a Jaime. Puede que tenga frío.

Ejercicios

1 **Expresiones de hipótesis.**
Relaciona.

Ej.: *Esta noche, si no estoy cansado,*

1. Si insistes mucho,
2. No vuelvas a telefonearlo, porque
3. Te he comprado un regalo, pero
4. Puede que tu hermano esté
5. El curso que viene
6. No encuentro al perro en casa,
7. Llévate el impermeable, porque
8. Avísales antes de ir a su casa,
9. Parece muy joven, pero
10. No vi a Luz, pero
11. Que no le moleste nadie, porque

a. puede que no te guste.
b. tal vez muy enfadado conmigo.
c. a lo mejor tienen invitados.
d. tal vez no quiere hablar contigo.
e. lo mismo está en el jardín.
f. a lo mejor estaba en esa reunión.
g. quizá ya tiene más de treinta años.
h. tal vez lo puedas convencer.
i. ***a lo mejor me animo a ir a tu fiesta.***
j. seguramente va a llover otra vez.
k. probablemente se haya acostado.
l. igual voy a clase de japonés.

Aciertos: .... **de 11**

2 **Indicativo o subjuntivo.**
Subraya la forma adecuada.

Ej.: *Tapa con la mantita al niño, porque puede que siente / **sienta** frío.*

1. Ayer Julio no me abrió la puerta, quizá no me *oyó / oiga*.
2. A lo mejor me *voy / vaya* de vacaciones a Extremo Oriente.
3. Ya no veo a Luis. Igual se *ha ido / haya ido* de la fiesta.
4. *Es / Sea*, tal vez, la peor crisis por la que hemos pasado.
5. María, no compres pan, que igual lo *ha comprado / haya comprado* ya tu hermano.
6. Mañana tal vez *tendremos / tuviéramos* buen tiempo.
7. No te olvides del bocadillo para el viaje, porque igual te *entre / entra* hambre.
8. Compra leche antes de volver, porque puede que, en casa, no *hay / haya*.
9. Dales algo de beber a tus amigos, a lo mejor *tienen / tengan* sed.
10. Mira cómo bosteza Mario, lo mismo *está / esté* sin dormir.
11. La semana próxima probablemente *tendremos / tuviéramos* que reunirnos.

Aciertos: .... **de 11**

2. EXPRESAR LA DUDA Y LA PROBABILIDAD

Ejercicios

3 Formular hipótesis.
Completa las siguientes frases con un verbo del recuadro.

a. quepan	b. **es**	c. se ha enfadado	d. quiso	e. vayamos
f. olvidé	g. elijan	h. han arreglado	i. pueda	j. se sintiera

Ej.: *María es, quizá, la mejor aliada que tengo.*

1. Si mañana hace bueno, puede que .... de excursión.
2. No encuentro mis llaves. Igual las .... en la oficina.
3. Lucía no nos ha vuelto a llamar. Lo mismo .... con nosotros.
4. Ayer el conferenciante habló solo diez minutos. Puede que no .... bien.
5. Lleva estas cajas a tu habitación, porque tal vez .... en tu armario.
6. No lo interpretes mal. A lo mejor solo .... darte un buen consejo.
7. Este año puede que .... a Marta como representante de la clase.
8. No entiendo estos ejercicios. Quizá Carlos .... explicármelos.
9. ¿Por qué no llamas al taller? A lo mejor ya .... el coche.

Aciertos: .... de 9

4 Un paso más.
Completa cada frase con un verbo del recuadro en el tiempo adecuado.

a. estar	b. perderse	c. tener	d. llamar	e. **ser** (2)	f. ir
g. actuar	h. bajar	i. pensar	j. querer	k. deber	

Ej.: *Roque es, probablemente, el mejor jugador del equipo local.*

1. Puede que Jorge con su intervención .... ayudarme, pero complicó las cosas.
2. Llévate el gorro y los guantes, porque probablemente .... las temperaturas.
3. Seguramente te .... mañana para la entrevista de trabajo.
4. Aquel viaje .... tal vez del que más disfrutó mi padre.
5. No te enfades con él. Puede que .... así por miedo.
6. Jaime está preocupado porque igual .... que operarse.
7. ¡Qué raro que Miguel no haya llegado! Lo mismo .... por el camino.
8. Mira en mi armario, quizá .... la chaqueta que estás buscando.
9. Tal vez .... pedirle disculpas a Diana por lo que le he dicho.
10. ¿....................., acaso, que mi ayuda vale menos que la de otros?
11. Mañana a lo mejor .... todos al cine con Tina y Juan.

Aciertos: .... de 1`

Consolida

Consolida

5   **Escribe el verbo entre paréntesis en la forma adecuada.**

Ej.: *No sé dónde está mi hermana. Lo mismo (ir)* **ha ido** *a la universidad.*

1. Pablo, dale un bocadillo a tu hermano porque a lo mejor (tener) .... hambre.
2. Son las once. Puede que el tren de Alberto (llegar) .... ya.
3. Mañana probablemente (llover) .... otra vez.
4. Por mi cumpleaños tal vez (pedir) .... como regalo un buen diccionario.
5. No encuentro mi abrigo. Igual me lo (coger) .... Maite.
6. No contesta nadie al teléfono. Quizás (salir) .... ya de casa.
7. No salgas, porque lo mismo esta noche (caer) .... una buena nevada.
8. Mi hermana (actuar) .... así quizás por mi bien, pero a mí me molesta.
9. Igual Pepe (enfadarse) .... conmigo por la broma que le gasté ayer.
10. Posiblemente su enfado (deberse) .... a un malentendido.
11. La semana próxima seguramente (ir) .... a esquiar.
12. No tires esas facturas porque puede que nos (servir) .... para más adelante.
13. En ese caso hay algo que no me cuadra y es que tal vez los testigos (mentir) ....

Aciertos: .... **de 13**

6   **Escribe el verbo entre paréntesis en la forma adecuada.**

Ej.: *No encuentro mis apuntes. A lo mejor me los (dejar)* **dejé** *ayer en la Facultad.*

1. Hoy Juan tiene fiebre. Puede que anoche (resfriarse) ....
2. ¿Has visto qué mala cara tengo? Tal vez no (deber) .... haber salido anoche.
3. El mes pasado llegó un recibo de la luz equivocado. Puede que el contador (averiarse) ....
4. Ayer llamé a Lara, pero no me contestó porque igual (estar) .... en la ducha.
5. Puede que el director el lunes (estar) .... en su despacho, pero no me recibió.
6. Quizá la discusión de ayer entre mis hermanos (deberse) .... a un malentendido.
7. A lo mejor el portero (arreglar) .... ya la luz del portal.

Aciertos: .... **de 7**

2. EXPRESAR LA DUDA Y LA PROBABILIDAD

Consolida

7 **Expresa hipótesis libremente. Escribe, al menos, dos posibilidades.**

Ej.: Tu mejor amiga parece preocupada.
Igual ha discutido con su marido.
A lo mejor tiene problemas.

1. Un profesor te ha convocado para hablar urgentemente con él.
....
....

2. Has invitado a un amigo a cenar, pero todavía no ha llegado.
....
....

3. Has ido a Correos, pero has encontrado la oficina cerrada.
....
....

4. Tu hermana está muy preocupada porque no sabe dónde ha dejado el pasa-porte.
....
....

5. Tu perro se comporta de una manera extraña hoy.
....
....

6. El bebé de los vecinos lleva un rato llorando.
....
....

7. Te ha llegado a casa una carta del Ayuntamiento.
....
....

8. Tu jefe quiere verte inmediatamente.
....
....

9. Tus amigos te han dejado seis mensajes en el contestador.
....
....

Aciertos: .... de 9

Tema 3

USO DEL INDICATIVO Y DEL SUBJUNTIVO EN ORACIONES SUSTANTIVAS

PARA EXPRESAR

■ LA OPINIÓN Y COMUNICAR ....PÁG. 44
■ LA INFLUENCIA, LOS SENTIMIENTOS Y LOS DESEOS ....PÁG. 52
■ LAS CONSTATACIONES Y LOS JUICIOS DE VALOR ....PÁG. 62

1. EXPRESAR LA OPINIÓN Y COMUNICAR

Observa

Creo que Matías se
Verbo 1

encuentra bien aquí.
Verbo 2

FORMA

Verbos de actividad mental, sentido y habla.

▸ Verbos de percepción mental (opinión y entendimiento): *creer, pensar, opinar, suponer, imaginar, considerar...*

▸ Verbos de percepción física (sentido): *ver, oír, notar, observar...*

▸ Verbos de lengua (comunicación): *decir, comentar, comunicar...*

indicativo (afirmativo) / **subjuntivo** (negativo)

Regla

Si el verbo principal va en **forma afirmativa,** el verbo subordinado va **en indicativo.**

Si el verbo principal va en forma negativa, el verbo subordinado va en subjuntivo.

► Observa:

Forma afirmativa con indicativo	Forma negativa con subjuntivo
Creo que dice la verdad.	No creo que diga la verdad.
Pienso que está fingiendo.	No pienso que esté fingiendo.
Noto que pasa algo raro.	No noto que pase nada raro.
Veo que estudias con interés.	No veo que estudies con interés.
Leo dice que le gusta trabajar.	Leo no dice que le guste trabajar.
Pero: Creo que NO dice la verdad. Pienso que NO está fingiendo. Veo que NO estudias con interés... etc.	

► ¡Atención! Algunas excepciones:

– Si el verbo principal expresa una orden negativa (imperativo negativo), el verbo subordinado va en indicativo.

    No creas que no te comprendo.
    No digáis que no os hacemos caso.

– Si con el verbo principal se formula una pregunta negativa (pregunta retórica), el verbo subordinado va en indicativo.

    ¿No crees que este libro es aburrido?
    ¿No te parece que es mejor ponerse los abrigos?

– Si el verbo principal y el verbo subordinado están unidos por una forma interrogativa, el verbo subordinado irá siempre en indicativo.

Forma afirmativa	Forma negativa
Siempre indicativo	
Sé dónde están tus documentos.	No sé dónde están tus documentos.
Me planteo cómo lo ha obtenido.	No me planteo cómo lo ha obtenido.
Me pregunto si vendrá a vernos.	No me pregunto si vendrá a vernos.

1. EXPRESAR LA OPINIÓN Y COMUNICAR

Ejercicios

1 **Verbos de percepción y de lengua.**
Relaciona.

Ej.: *Mi profesor piensa que*

1. No me parece que, en Salamanca,
2. Acuéstate, porque me parece que
3. El sospechoso confesó que
4. Supongo que a esta hora
5. Con sus negocios, Carlos creía que
6. El dueño nos ha comunicado que
7. Al mirarlo, me di cuenta de que
8. Los vecinos no creen que
9. Mis padres se han enterado de que
10. Cuando somos niños pensamos que
11. He oído en la peluquería que

a. Luis tenía muy mala cara.
b. Lucía y Antonio se van a separar.
c. se estaba haciendo rico, pero no era así.
d. **yo soy un buen alumno.**
e. había sido él el autor del delito.
f. sea necesario hacer reformas en el edificio.
g. tenemos que dejar el piso en febrero.
h. haga tanto frío como dices.
i. he faltado mucho a clase.
j. los niños ya tendrán hambre.
k. no es difícil ganarse la vida.
l. tienes mucha fiebre.

Aciertos: .... de 11

2 **Oraciones afirmativas.**
Escribe el verbo entre paréntesis en la forma más adecuada.

Ej.: *Creo que (estar)* **está** *pasando algo extraño.*

1. Consideramos que (tener, vosotros) .... pocas posibilidades de aprobar.
2. Me da la impresión de que (querer, él) .... proponerme algo.
3. A mis padres les parece que mi curso de inglés (ser) .... demasiado caro.
4. Pienso que (poder, nosotros) .... salir esta tarde. No tenemos mucho que hacer.
5. Me parece que Juan (tener) .... muchos problemas últimamente.
6. El ministro ha declarado que la reforma no (llevarse) .... a cabo este año.
7. Mi hermano nos ha confesado que (pensar) .... casarse con Marga.
8. Nuestro profesor opina que (ser) .... fácil educar a los adolescentes.
9. Esta mañana me han comunicado que me (renovar) .... el contrato.
10. Creo que Julio (venir) .... esta tarde.
11. A mis tutores les parece que (estar, yo) .... haciendo grandes progresos.

Aciertos: .... de 11

3 **Oraciones negativas.**
Pon en negativo las frases anteriores.

Ej.: *No creo que esté pasando nada extraño.*

1. ....
2. ....
3. ....
4. ....
5. ....
6. ....
7. ....
8. ....
9. ....
10. ....
11. ....

Aciertos: .... **de 11**

4 **Indicativo o subjuntivo.**
Observa las siguientes frases y subraya la forma adecuada.

Ej.: *¡Qué ingenuo es! Después de aquello, todavía piensa que **somos** / seamos amigos.*

1. La verdad es que no noto que os *esforzáis / esforcéis* mucho por aprobarlo todo.
2. He oído que te *cambias / cambies* de piso. ¿Es verdad?
3. Imaginan que no les *van / vayan* a castigar por lo que han hecho, pero se equivocan.
4. Mis compañeros piensan que *soy / sea* una muy buena persona.
5. El empleado ha afirmado que no *está / esté* relacionado con esa venta.
6. Me da la impresión de que este año Luana no me *va / vaya* a invitar a su fiesta.
7. Iñaki no ha comunicado a sus superiores que *deja / deje* la empresa.
8. Me han dicho que el jefe no *acepta /acepte* nuestras condiciones.
9. Supongo que en verano no *iremos / vayamos* de vacaciones otra vez a España.
10. No vemos que esta ciudad *está / esté* cambiando como dicen.
11. Recuerdo que en esa sala se *han celebrado / hayan celebrado* muchos banquetes.
12. Me parece que tu hermano no se *toma / tome* las cosas muy en serio.

Aciertos: .... **de 12**

Ejercicios

5 **Indicativo o subjuntivo.**
Transforma las frases del ejercicio anterior, que ahora están en pasado.

Ej.: *¡Qué ingenuo es! Después de aquello, todavía pensaba que **éramos amigos**.*

1. La verdad es que no notaba que ....
2. Ayer, oí que ....
3. Imaginaban que no les ....
4. Mis compañeros pensaban que ....
5. El empleado afirmó que ....
6. Me dio la impresión de que ese año Luana no me ....
7. Iñaki no comunicó a sus superiores que ....
8. Me dijeron que el jefe ....
9. Suponía que en verano ....
10. No veíamos que esa ciudad ....
11. Recordaba que ....
12. Me parecía que tu hermano ....

Aciertos: .... de 12

6 **Excepciones.**
Piensa por qué los verbos subrayados van en indicativo y clasifica las frases en los cuadros.

Ej.: *¿No notas que María **se viste** mucho mejor ahora?*

1. No creas que no <u>te quiero</u>, porque no <u>es</u> verdad.
2. No me han dicho cuánto <u>les ha costado</u> la matrícula.
3. No pienses que entre Lucas y yo <u>hay</u> algo, porque no <u>es</u> cierto.
4. ¿No te das cuenta de que, hablándole así a tu padre, le <u>haces</u> daño?
5. No olvidéis que todo <u>se acaba</u> sabiendo.
6. No saben cuándo <u>se van</u> de vacaciones.
7. ¿No te parece que los niños de Juana últimamente <u>han crecido</u> mucho?
8. No digas que <u>haces</u> bien las cosas, cuando las dejas a medias.
9. Por favor, no le contéis a nadie que esta mañana me <u>he caído</u>.
10. ¿No piensas que <u>es</u> mejor hacer lo que nos dicen?
11. No crean que no <u>puedo</u> darles indicaciones de utilidad.

A- Orden negativa.

B- Pregunta negativa (pregunta retórica).
1

C- Forma interrogativa.

Aciertos: .... de 11

Consolida

7 **Negar una opinión.**
Expresa la opinión contraria.

Ej.: Creo que Lucía es simpatiquísima.
Pues yo no creo que sea tan simpática.

1. Creo que la energía nuclear es la mejor de todas.
....

2. Pienso que es muy fácil dejar de fumar.
....

3. El jefe opina que hay que reducir personal.
....

4. No creemos que vuelva a ganar las elecciones el mismo partido.
....

5. Tus compañeros están seguros de que nos van a aumentar el sueldo.
....

6. Algunos optimistas creen que ya no habrá más conflictos armados.
....

7. No me parece que la educación a distancia sea efectiva.
....

8. A mí me parece que trabajar tanto es una locura.
....

9. Considero que es fundamental que reciclemos las basuras.
....

10. Mi hermano cree que usar demasiado el ordenador no es bueno.
....

11. No estoy seguro de que nos espere un futuro feliz.
....

12. Creo que este libro es muy divertido.
....

13. El jefe piensa que trabajamos poco.
....

14. Me parece que la sopa está saladísima.
....

Aciertos: .... **de 14**

1. EXPRESAR LA OPINIÓN Y COMUNICAR

Consolida

8 Completa las siguientes frases con un verbo del recuadro.

a. pudiera	b. debíamos	c. **estaba**	d. queda	e. he puesto
f. supiera	g. podía	h. estuviera	i. fuera	j. ayudarían
	k. vais	l. combatió		

Ej.: *Los chicos creían que la discoteca **estaba** abierta los lunes, pero se equivo-caron.*

1. No imaginaba que .... pasar algo así.
2. De niño, no pensaba que tomar fruta de los árboles .... prohi-bido.
3. Creíamos que nuestros amigos nos ...., pero no fue así.
4. No recuerdo dónde .... el regalo de mamá.
5. No creo que ayer María .... nada de la fiesta.
6. ¿No te parece que esta falda me .... un poco estrecha?
7. No pensábamos que .... tan fácil hacer los ejercicios.
8. Nos comunicaron que no .... presentar todos los documentos.
9. Los huelguistas consideraron que su postura .... crearles pro-blemas.
10. No creáis que .... a convencer a nadie con vuestros argumentos.
11. Mi padre me contó que su abuelo .... en Cuba.

Aciertos: .... **de 11**

9 Escribe el verbo entre paréntesis en la forma más adecuada.

Ej.: *Anoche, en la calle, no oí que nos (llamar) **llamara** nadie.*

1. No sabía que os (resultar) .... difícil seguir el ritmo de trabajo.
2. Suponía que mi primo me (llamar) .... por mi cumpleaños, pero no lo hizo.
3. No pienses que entre nosotros (estar) .... todo claro.
4. Descubrí, por casualidad, que Manu nunca nos (decir) .... la verdad sobre él.
5. No creo que (tener, tú) .... razón al afirmar eso.
6. Hace un mes, todavía no sabía si Luis me (ayudar) .... o no a preparar el examen.
7. No imaginábamos que (ser) .... tan fácil llegar hasta su casa.
8. No me advirtieron que (tener, yo) .... que estar allí antes de las ocho.
9. ¿No te parece que lo que (decir) .... Mónica es una tontería?

Aciertos: .... **de 9**

10 **Da tu propia opinión:** *creer, pensar, opinar, parecer, considerar, etc.*

Ej.: Dormir mucho. **Yo creo que dormir mucho no es muy bueno.**

1. Comprar durante las rebajas. ....
2. Trabajar por la noche. ....
3. «La televisión educa a los pueblos». ....
4. Comer muchos dulces. ....
5. Estar informado de lo que pasa en el mundo. ....
6. La influencia de la prensa. ....
7. Estar en ambientes con ruido. ....
8. Salir poco de casa. ....
9. Tener animales domésticos. ....
10. La mejor alimentación es la mediterránea. ....
11. Independizarse pronto de los padres. ....

Aciertos: .... de 11

11 **Observa los siguientes dibujos y haz hipótesis sobre qué es cada objeto.**

Ej.: ¿Qué es esto?

– *Creo que es un grano de café.*
– *Yo no creo que sea eso, yo pienso que son dos bombones.*
– *Pues a mí me parece la cabeza de un tornillo.*

1.

2.

3.

4.

5.

6.

7.

8.

9.

10.

Aciertos: .... de 10

2. EXPRESAR LA INFLUENCIA, LOS SENTIMIENTOS Y LOS DESEOS

Observa

Me gusta que
Verbo 1

me regalen libros.
Verbo 2

FORMA

Verbos de influencia, sentimiento y deseo.

▸ Verbos de influencia:
Necesidad: *necesitar...*
Consejo: *aconsejar, recomendar, sugerir...*
Petición: *pedir, rogar, suplicar...*
Permiso: *tolerar, consentir, dejar, permitir...*
Prohibición: *prohibir...*
Mandato: *ordenar, mandar, exigir, decir...*

▸ Verbos de sentimiento, deseo o voluntad:
Alegrarse, gustar, molestar, divertirse, aburrirse, extrañarse, conformarse, soportar, lamentar, temer...
Querer, desear, preferir, apetecer, lograr, conseguir...

} infinitivo / subjuntivo

Regla

– Si el **verbo principal** y el **verbo subordinado** tienen un *mismo sujeto*, se utiliza el *infinitivo*.
– Si el **verbo principal** y el **verbo subordinado** tienen *sujetos diferentes* se utiliza *que + Subjuntivo.*
Si los verbos tienen un **significado doble**, se utilizará el **indicativo** o el **subjuntivo** según el significado.

Usos

► Observa:

El mismo sujeto, con infinitivo	Distinto sujeto, *que* + subjuntivo
Deseo (yo) recibir (yo) una llamada suya. *Prefiero (yo) no ir (yo) al cine.* *Siento (yo) estar (yo) enfermo.*	*Deseo (yo) que me llame (él) dentro de poco.* *Prefiero (yo) que no vayamos (nosotros) al cine.* *Siento (yo) que estés (tú) enfermo.*

► **Verbos de doble significado:** algunos verbos pueden ser verbos de actividad mental y habla o verbos de influencia o deseo, dependiendo del significado que presenten.

Algunos ejemplos:

Decir   – *Tu madre dice que tiene frío (comunicación).*
            – *Tu madre dice que estudies (orden).*

Sentir   – *Siento que tengo fiebre (notar).*
            – *Siento que no estés bien (lamentar).*

Temer   – *Me temo que no voy a aprobar (creer).*
            – *Temo que me descubran (sentir temor).*

Decidir   – *He decidido que un cambio de trabajo es lo mejor (pensar).*
            – *He decidido que estudies Medicina (influencia).*

► **Atención:** la forma *el hecho de que* y sus equivalentes (*eso de que / esto de que...*) pueden llevar indicativo o subjuntivo, según los casos. Conviene, para evitar confusiones, usarlas siempre con subjuntivo.

El hecho de que no me llame más a menudo me tiene preocupada.

2. EXPRESAR LA INFLUENCIA, LOS SENTIMIENTOS Y LOS DESEOS

Ejercicios

1 **Verbos de influencia.**
Relaciona.

Ej.: *Para el próximo examen, te aconsejo que*

1. Niños, os ruego que, en la fiesta,
2. Javi es un egoísta, no me permite que
3. Mamá, te sugiero que
4. Necesito urgentemente que
5. ¡Basta ya! Os prohíbo que
6. He recomendado a mis alumnos que
7. Mi padre nos ha ordenado que
8. Sin duda, el médico le recomendará que
9. No dejéis que nadie
10. El vecino nos ha dicho que

a. hoy no salgas, porque se ha puesto a nevar.
b. uséis mi coche sin permiso.
c. os portéis bien y no comáis mucho.
d. alguien me preste 100 euros.
e. no volvamos a casa después de las diez.
f. se porte mal con vosotros.
g. pongamos la música más baja.
h. *estudies un poco más.*
i. deje de fumar o reduzca los cigarrillos.
j. no fotocopien los libros.
k. use su bici para ir a la escuela.

Aciertos: .... de 1(

2 **Verbos de sentimiento, deseo o voluntad.**
Relaciona.

Ej.: *Mi abuela quiere que*

1. ¡Qué frío! ¿Te molesta que
2. Me alegro de que
3. En el próximo curso, espero que
4. ¡Qué día hemos tenido! Perdona que
5. A mis padres, les parece muy mal que
6. ¿Te apetece que esta noche
7. Manuel, lamento mucho que
8. Tengo miedo de que Alonso
9. Lógicamente, a todos nos gusta que
10. Deseo, de todo corazón, que
11. Margarita duda que

a. ya te encuentres un poco mejor.
b. se resuelvan los problemas del mundo.
c. no te hayan dado el trabajo que querías.
d. vengan algunos amigos a cenar a casa?
e. *la ayude a comprar un regalo para mi abuelo.*
f. se haya vuelto a enfadar conmigo.
g. su vecino quiera salir con ella.
h. mi primo no les haya invitado a su boda.
i. no te hayamos llamado antes.
j. tengáis más suerte con los exámenes.
k. nos traten con cariño y respeto.
l. cierre las ventanas?

Aciertos: .... de 1

3 **Infinitivo o subjuntivo.**
Completa las siguientes frases con un elemento de la lista.

a. que volváis	b. hablar	c. **esté dispuesto**	d. poder ir

a. que volváis   b. hablar   c. **esté dispuesto**   d. poder ir
e. que me presente   f. haber conseguido   g. pasear
h. que me hagan   i. haber estado   j. que no vayamos

Ej.: *Me duele que nadie* **esté dispuesto** *a ayudarme.*

1. Últimamente, me gusta .... por la playa.
2. La verdad es que me da pena no .... de viaje contigo.
3. Los profesores me animan a .... a ese concurso.
4. ¿Te alegras de .... ese trabajo?
5. ¿Te molesta .... a cenar fuera?
6. Me encanta .... regalos por mi cumpleaños.
7. Siento mucho no .... en tu fiesta.
8. Necesito .... urgentemente con el director.
9. Espero .... pronto a visitarme.

Aciertos: .... de 9

4 **Un paso más.**
**Completa las siguientes frases con un verbo del recuadro en la forma corres-
pondiente.**

a. volver   b. explicar   c. salir   d. jugar   e. utilizar   f. prestar
g. vivir   h. ir   i. recibir   j. **decir**   k. llamar   l. chatear

Ej.: *Necesito que* **digáis** *la verdad.*

1. ¿Te apetece que .... mañana a dar un paseo?
2. Sentimos mucho no .... el paquete en buenas condiciones.
3. Mi padre no nos permite que .... sus libros.
4. Realmente nos apena que las cosas os .... tan mal.
5. No consigo que nadie me .... los apuntes de la clase de ayer.
6. Me alegro de que me .... esta mañana para hablar.
7. No te recomiendo que .... a llamar a Teresa. Está muy enfa-
   dada.
8. ¡Dejadme en paz! Yo solo quiero .... tranquilo y sin problemas.
9. Como sois tan listos, os invito a que me .... qué pasó ayer.
10. Con el frío que hace, preferimos que los niños no .... en la
    calle.
11. No me gusta nada .... por la noche.

Aciertos: .... de 11

Ejercicios

5 **En presente.**
Escribe el verbo entre paréntesis en la forma más adecuada.

Ej.: *No me interesa que me (pagar, ellos)* **paguen** *antes del día diez.*

1. Matilde espera que su madre (recuperarse) .... pronto.
2. Procura que mañana todos tus amigos te (devolver) .... los libros que les has prestado.
3. ¿Te apetece que (salir, nosotros) .... a cenar con Marga y su novio?
4. No me gusta que me (repetir, ellos) .... mil veces las cosas.
5. Necesitamos que alguien nos (explicar) .... cómo se rellenan los documentos.
6. Niños, os prohíbo que (decir) .... palabrotas.
7. No me parece bien que tus amigos (quedarse) .... a dormir en casa.
8. Los padres solo desean que sus hijos (ser) .... muy felices.
9. Carlos, con sus bromas y comentarios, hace que me (poner) .... nerviosa.
10. Mira, estoy cansado de que (acordarse) .... de mí solo cuando estás mal.
11. Le recomiendo a mi hermana que no (salir) .... con esa pandilla.
12. Me alegro mucho de que (venir, ellos) .... a pasar aquí las fiestas.
13. No logro que Alfredo (decir) .... dónde ha estado esta mañana.
14. Mis padres no soportan que (llegar, yo) .... tarde a casa sin avisar.

Aciertos: .... de 14

6 **En pasado.**
Transforma las siguientes frases al pasado.

Ej.: *Nos fastidia que Luis nos trate tan mal.*
     Nos fastidiaba que Luis **nos tratara** *tan mal.*

1. Lara pretende que la ayude.
   Lara pretendía que ....
2. No os aconsejo que protestéis tanto sin reales motivos.
   No os aconsejé que ....
3. Vuestra falta de interés en clase impide que podáis aprender bien.
   Vuestra falta de interés en clase impedía que ....
4. Me avergüenzo de que seáis tan maleducados con la gente.
   Me avergonzaba de que ....
5. El abuelo nos ha pedido que le llamemos más a menudo.
   El abuelo nos pidió que ....

Aciertos: .... de 5

7 **El imperfecto de subjuntivo.**
Escribe el verbo entre paréntesis en la forma adecuada.

Ej.: *Nos encantaría que nos (acompañar)* **acompañarais** *a visitar a los abuelos.*

1. Me dolió mucho que Luisa no me (invitar) .... a su boda. ¿Por qué lo haría?
2. Nos gustaría mucho que nos (enseñar, tú) .... las fotos de las vacaciones.
3. Estudiando tanto, esperaba que el profesor me (poner) .... una nota más alta.
4. Mi padre no dejó que mis amigos (traer) .... sus instrumentos a casa.
5. Ayer, el mecánico me aconsejó que no (correr) .... mucho con ese coche.
6. De pequeña, mi abuela siempre me decía que (ser, yo) .... buena con mis amiguitos.
7. Dadas las declaraciones que había hecho su alumno, el profesor se alegró de que no (haber) .... casi nadie presente.
8. El domingo a tu prima le pareció mal que le (decir) .... que estaba fea.
9. Antes, nunca lograba que mis compañeros me (hacer) .... mucho caso.
10. De niño, me aburría que me (llevar, ellos) .... casi todos los domingos al zoológico.

Aciertos: .... de 10

8 **Un paso más.**
Escribe el verbo entre paréntesis en la forma más adecuada.

Ej.: *El profesor se cansó de que no (saber)* **supiéramos** *la lección y nos castigó.*

1. El policía les ordenó que (salir) .... inmediatamente de aquella casa.
2. El sábado me apetecía que Lorenzo me (llamar) ...., pero no lo hizo.
3. Nos encantaría que nos (preparar, vosotros) .... una buena paella.
4. Me fastidiaría que no me (conceder) .... la beca que he pedido.
5. Ayer mamá nos dijo que no (ser) .... tan caprichosos.
6. De pequeño, no me importaba que mi hermano no me (llevar) .... con él.
7. El recepcionista nos deseó que (tener) .... una buena estancia.
8. Preferiría que no me (molestar) .... con vuestros problemas.
9. Rogaron por los altavoces que todos (salir) .... con orden del estadio.
10. Mis padres no me permitieron que (ver) .... todos los días a mis amigos.
11. ¿Necesitabais que os (ayudar, yo) .... a hacer los ejercicios?

Aciertos: .... de 11

2. EXPRESAR LA INFLUENCIA, LOS SENTIMIENTOS Y LOS DESEOS

Consolida

9 Completa los siguientes microdiálogos.

Ej.: a. Mis padres no me dejan que (llevar) **lleve** amigos a casa.
   b. Eso será porque les molesta que (poner) **pongáis** música y (tocar) **toquéis** la batería.

1. a. Imagino que, a esta hora, María (terminar) .... de trabajar.
   b. Sí, supongo que ya (estar) .... en casa, si el jefe no le ha pedido que (hacer) .... horas extra.
2. a. No quiero que le (decir, tú) .... a nadie que no he aprobado el examen.
   b. Vale, pero no me parece que (ser) .... algo de lo que avergonzarse.
3. a. Quiero que me (ayudar, tú) .... a resolver estos problemas de física.
   b. Mira, yo te ayudo, pero te aconsejo que te (buscar) .... un buen profesor particular.
4. a. ¿A ti no te molesta que los vecinos (poner) .... la radio tan alta?
   b. La verdad es que no me importa lo que (hacer) .... mientras logre dormir.
5. a. ¿Te importa que (abrir, yo) .... la ventana? Necesito que se (airear) .... un poco la habitación. La calefacción es asfixiante.
   b. No, no, ábrela. Es más, me apetece que (entrar) .... un poco de fresco.
6. a. Me parece que Ana María no (querer) .... hablar contigo.
   b. Solo espero que te (estar) .... equivocando, porque tenemos que hablar, y muy seriamente.
7. a. Me alegro de que (venir, tú) .... a verme.
   b. Yo también estoy contento de (estar) .... aquí. Espero que te (mejorar) .... y que pronto (poder) .... volver a clase.
8. a. ¿Quieres que (ir, nosotros) .... al cine esta tarde?
   b. Bueno, no lo sé. Manuela dice que no (poner) .... ninguna película buena.
9. a. A los niños les encanta que los (llevar, yo) .... a jugar a la playa. Les divierte que les (ayudar) .... a construir castillos de arena.
   b. No me extraña que les (gustar) .... Contigo se lo pasan fenomenal.
10. a. No me gusta que (salir, tú) .... con esos chicos. Prefiero que te (quedar) .... en casa esta noche.
    b. ¡Qué pesado te pones! Primero me dices que (salir, yo) .... más y luego no me permites que (elegir) .... con quién.

Aciertos: .... **de 2°**

10 Tus amigos tienen algunos problemas. Dales consejos. Usa los verbos *aconsejar, recomendar* y *sugerir.*

Ej.: *a.* No entiendo el uso de algunas preposiciones.
    b. **Pues te aconsejo que le preguntes al profesor.**

1. a. Últimamente me duele mucho el estómago.
   b. ....

2. a. Quiero dejar de fumar.
   b. ....

3. a. Me gustaría leer un buen libro.
   b. ....

4. a. Mañana viene mi primo y no sé dónde llevarlo.
   b. ....

5. a. A Mónica y a mí, las traducciones nos salen muy mal.
   b. ....

Aciertos: .... de 5

11 Completa libremente.

Ej.: *a.* El jueves me viene mal celebrar el cumpleaños de María José.
    b. ¿Prefieres que **lo celebremos otro día?**

1. a. ¿Dónde cenaremos el 24 de diciembre?
   b. Supongo que ....

2. a. ¿Te apetece ir al cine esta noche?
   b. No, prefiero que ....

3. a. ¿Qué te ha parecido el nuevo profesor?
   b. Creo que ....

4. a. ¿Dónde ha ido tu hermano?
   b. Imagino que ....

5. a. ¿Por qué sigues trabajando a estas horas?
   b. Es que los jefes me han pedido que ....

Aciertos: .... de 5

2. EXPRESAR LA INFLUENCIA, LOS SENTIMIENTOS Y LOS DESEOS

Consolida

12 **Tu vida de niño: ¿qué y quién te ordenaba, mandaba, rogaba, prohibía, permitía, dejaba, aconsejaba, decía..., etc.? Construye al menos diez frases.**

Ej.: *Cuando era pequeño, mis hermanos no me permitían que tocara su ropa. Mi hermana me dejaba que dibujara con sus pinturas, mis abuelos no querían que hiciera ruido...*

....
....
....
....
....
....
....
....
....
....

Aciertos: .... **de 1(**

13 **¿Y ahora, quién te permite, prohíbe, ruega, dice, recomienda, sugiere, etc., que hagas las cosas? ¿Y qué cosas? Escribe diez frases.**

Ej.: *Ahora mi profesor de español me exige que repase los verbos. Mi amigo Pablo me pide que le ayude a preparar sus exámenes...*

....
....
....
....
....
....
....
....
....
....

Aciertos: .... **de 1(**

14 **Tus gustos y preferencias. Escribe libremente diez cosas que te gustan / te encantan / te entusiasman / te molestan / detestas / no soportas..., etc.**

Ej.: *Me gusta que mis amigos se acuerden de mí el día de mi cumpleaños y que mi madre me prepare una tarta de manzana. Me encanta que mi mejor amigo me regale flores, que...*

....

....

....

....

....

....

....

....

....

....

Aciertos: .... de 10

15 **Ahora, escribe libremente diez cosas que te gustaría, encantaría, molestaría, etc., que cambiaran.**

Ej.: *Me gustaría que hubiera menos violencia en el mundo, que mi hermano discutiera menos conmigo, que me regalaran un pañuelo de cachemir. Me encantaría que Álvaro me escribiese alguna vez, que Charo me llamara, que...*

....

....

....

....

....

....

....

....

....

....

Aciertos: .... de 10

3. EXPRESAR LAS CONSTATACIONES Y LOS JUICIOS DE VALOR

Observa

[
Es normal que
Verbo 1

te llame.
Verbo 2
]

FORMA

Expresiones impersonales

▸ Verbos y expresiones que permiten constatar un hecho.
Es verdad, es cierto, está claro, es evidente, no cabe duda, parece, menos mal, es obvio, es indudable...
} **indicativo** (afirmativo) / **subjuntivo** (negativo)

▸ Verbos y expresiones que permiten emitir un juicio de valor.
Es probable, es difícil, está mal, ¡qué alegría!, es justo, es increíble, es normal, ¡qué bien!, es absurdo, es necesario, es preciso, más vale que...
} **+ subjuntivo**

Regla

– Si el **verbo principal constata un hecho** y va en **forma afirmativa**, el verbo subordinado va en **indicativo**.
– Si con el **verbo principal constata un hecho** y va en **forma negativa**, el verbo subordinado va en **subjuntivo**.
– Si con el **verbo principal expresa un juicio de valor**, el verbo subordinado va siempre en **subjuntivo**.

Usos

▶ Constataciones: se comportan como los verbos de actividad mental, sentido y comunicación.

Forma afirmativa con indicativo	Forma negativa con subjuntivo
Creo que _está_ enfermo. _Está claro_ que _está_ enfermo.	_No creo_ que _esté_ enfermo. _No está_ claro que _esté_ enfermo.

– En forma interrogativa negativa, se construyen con indicativo.

¿No está claro que está enfermo?
¿No es cierto que ayer no te presentaste a la cita?

▶ Juicios de valor: se comportan como los verbos de influencia, sentimiento, deseo y voluntad. Es decir, siempre en subjuntivo:

Forma afirmativa	Forma negativa
Siempre con subjuntivo	
Me gusta que me _llames._ _Es bueno_ que me _llames._	_No me gusta_ que me _llames._ _No es bueno_ que me _llames._

– Con o sin sujeto determinado.

Sujeto determinado: que + subjuntivo	Sujeto no determinado: con infinitivo
Es normal que Mónica desconfíe de los desconocidos. _Manuel, es conveniente que comas un poco menos, porque has engordado._ _Es mejor que hoy, Lucía y tú, os quedéis en casa._	_Es normal desconfiar de los desconocidos._ _Es conveniente no comer en exceso._ _Cuando hace mucho frío, es mejor no salir._

3. EXPRESAR LAS CONSTATACIONES Y LOS JUICIOS DE VALOR

Ejercicios

1 **Constataciones en forma afirmativa.**
Completa las siguientes frases con un verbo del recuadro.

a. gustar	b. realizar	c. ***presentarse***	d. robar	e. irse
f. ir	g. querer	h. tener	i. producirse	j. quedar

Ej.: *Es verdad que Lorenzo **se presenta** a las próximas elecciones.*

1. Está claro que tus padres no .... que vayas a ese viaje.
2. Parece indudable que la primera colonización la .... los celtas.
3. Es evidente que alguien .... algunos documentos del archivo.
4. Es cierto que nos .... a subir el sueldo.
5. Es obvio que ciertas prendas les .... a todos los jóvenes.
6. Está demostrado que, en los próximos años, ... lugar un cambio climático.
7. Con lo listo que es, es indudable que .... el primero en el concurso.
8. Nos han dicho que es verdad que el director .... a otra empresa.
9. Ya es seguro que .... un nuevo conflicto entre ambas regiones.

Aciertos: .... de 9

2 **Constataciones en forma negativa.**
Ahora escribe en forma negativa las frases del ejercicio anterior.

Ej.: *No es verdad que Lorenzo **se presente** a las próximas elecciones.*

1. ....
2. ....
3. ....
4. ....
5. ....
6. ....
7. ....
8. ....
9. ....

Aciertos: .... de 9

3 **Indicativo o subjuntivo en las constataciones.**
Observa las siguientes frases y subraya la forma adecuada.

Ej.: *Para ti, ¿es evidente que la población **está** / esté envejeciendo?*

1. No cabe duda de que *estamos / estemos* viviendo un cambio climático.
2. Que conste que te *he llamado / haya llamado* cuatro o cinco veces, pero no me has contestado.
3. Está claro que Chema *haya decidido / ha decidido* romper las relaciones con nosotros.
4. Era seguro que las naves españolas *fueran / iban* a participar en la misión de paz.
5. Según el médico, no es evidente que te *tienes / tengas* que operar inmediatamente.
6. En el periódico de ayer no estaba claro que se *hubiera suspendido / había suspendido* la función.
7. ¿No es verdad que *tengamos / tenemos* tres mil libros en casa?
8. Parecía evidente que la responsabilidad de todo *era / fuera* del gerente.
9. No era cierto que *iban / fueran* a cerrar la fábrica por quiebra.
10. Es incuestionable que la educación *sea / es* la base del entendimiento.

Aciertos: .... de 10

4 **Repaso de las constataciones.**
Haz frases según el modelo.

Ej.: Los transportes han mejorado en los últimos años. (Es evidente)
Es evidente que los transportes han mejorado en los últimos años.

1. El euro ha empobrecido a la población. (No está claro)
....
2. Los precios seguirán aumentando. (No cabe duda)
....
3. Se ha descubierto una vacuna contra la malaria. (Es cierto)
....
4. De niño, mi abuela me contaba siempre cuentos. (Es verdad)
....
5. El sedentarismo provoca obesidad. (No está demostrado)
....
6. El gobierno ha respetado el protocolo de actuación. (Conste que)
....
7. Empezaremos a trabajar la próxima temporada. (¿Es cierto?)
....
8. El saber ayuda a la razón. (Está claro)
....
9. No hay entradas para el concierto. (No es verdad)
....
10. El conferenciante de ayer había perdido su discurso. (No parecía)
....

Aciertos: .... de 10

3. EXPRESAR LAS CONSTATACIONES Y LOS JUICIOS DE VALOR

Ejercicios

5 **Juicios de valor.**
Completa las siguientes frases con un verbo del recuadro.

a. vuelva	b. traduzcáis	c. ***reconozcan***	d. vayamos	e. haya llegado
f. digas	g. traten	h. cambiéis	i. hayan invitado	j. pongas

Ej.: *Está bien que tus amigos **reconozcan** sus errores.*

1. Es injusto que no nos .... bien en ese hotel.
2. Es probable que mañana .... al estreno de la nueva película.
3. ¡Qué alegría que me .... a su boda!
4. Es una suerte que .... correctamente del inglés.
5. Es extraño que Jorge no .... ya a su casa.
6. Para nosotros, es muy importante que nos .... lo que sepas sobre el asunto.
7. Más vale que .... de tema, porque Lucía se está molestando.
8. Es ridículo que te .... esa ropa para ir a trabajar.
9. Es posible que .... de nuevo a Holanda de vacaciones.

Aciertos: .... de 9

6 **Tiempos del subjuntivo en los juicios de valor.**
Escribe el verbo entre paréntesis en la forma más adecuada.

Ej.: *El profesor dijo que sería preciso que (comprar, yo) **comprara** otros libros.*

1. Ya no es necesario que (pedir, vosotros) .... un préstamo al banco.
2. Es una lástima que no (poder, tú) .... venir mañana con nosotros.
3. Estaba tan grave que era inútil que lo (llevar, nosotros) .... al hospital.
4. Más vale que (salir, nosotros) .... pronto de aquí, porque hay mucho humo.
5. Creo que será imprescindible que (buscar, yo) .... un profesor particular.
6. Estuvo mal que ayer le (decir, tú) .... a Mónica lo que le dijiste.
7. Con este frío, es lógico que Adrián (viajar) .... con mucha ropa.
8. No es imposible que nos (conceder) .... la ayuda que hemos solicitado.
9. Era extraño que Alberto siempre (venir) .... a clase vestido de negro.
10. Antes, estaba bien que (tener, vosotros) .... ciertos comportamientos. Ahora, ya no es conveniente.

Aciertos: .... de 1

7 **Repaso de los juicios de valor.**
Transforma las frases como en el ejemplo.

Ej.: Has quedado con un amigo a las ocho. Son las nueve y todavía no ha llegado.
(Qué raro)
   ¡Qué raro que todavía no haya llegado!

1. Estás en un lugar muy bonito. Has dejado la cámara de fotos en casa. (Es
   una pena)
   ....
2. Un compañero de clase se tiene que trasladar a otra ciudad. (Lástima)
   ....
3. Todavía no has recibido la invitación de la boda de tus primos. (Es extraño)
   ....
4. Has tenido una agradable e imprevista visita de una amiga. (¡Qué bien!)
   ....
5. Has hecho una entrevista de trabajo, pero no has recibido noticias de la
   empresa. (Es raro)
   ....
6. Has recibido una carta de alguien que había dejado de escribirte. (¡Qué ale-
   gría!)
   ....

Aciertos: .... **de 6**

8 **Contraste entre constatación y juicio de valor.**
**Completa las siguientes frases con un verbo del recuadro en el modo ade-
cuado.**

a. volver	b. tener	c. hablar	d. ganar	e. ser	f. *tratar*
	g. dedicar	h. conocer	i. dar	j. saber	

Ej.: *Es justo que no le **hayan tratado** como él esperaba. Se ha portado muy mal.*

1. Es indiscutible que su comportamiento .... el adecuado.
2. No está bien que le .... así a tu madre.
3. Está mal que no .... todavía a tus futuros suegros.
4. Es raro que Álvaro no .... a escribirnos.
5. Sería oportuno que los niños .... más tiempo al estudio.
6. No es difícil que nos .... el permiso que hemos pedido.
7. Está visto que .... siempre los más astutos.
8. Era inadmisible que los candidatos no .... qué responder.
9. Es obvio que los vecinos .... problemas económicos.

Aciertos: .... **de 9**

3. EXPRESAR LAS CONSTATACIONES Y LOS JUICIOS DE VALOR

Ejercicios

9 **Elegir el modo y el tiempo verbal.**
Observa las siguientes frases y subraya la forma adecuada.

Ej.: *Según mi madre, no es tan obvio que encontramos / **encontremos** entradas.*

1. Sería conveniente que os *marchabais / marcharais* de aquí.
2. Es estupendo que se *van / vayan* a conceder más becas a los estudiantes.
3. Por las notas que sacaron, era evidente que no *habían estudiado / hubieran estudiado* nada.
4. En aquellas circunstancias no cabía duda de que lo mejor *era / fuese* mantenerse al margen.
5. Es un robo que los precios *aumentan / aumenten* constantemente.
6. No es normal que ayer os *dijeron / dijeran* que les devolvierais todos los libros.
7. Parece obvio que el espectáculo *ha sido / haya sido* pospuesto porque aquí no hay nadie.
8. No parece que aquí tú y yo *estamos / estemos* de más.
9. Aunque no lo creyeran, era verdad todo lo que *dijo / dijera* el testigo.
10. ¿Es cierto que te *vas / vayas* a casar el mes que viene?

Aciertos: .... de 1

10 **Un paso más.**
Escribe el verbo entre paréntesis en la forma más adecuada.

Ej.: *Está demostrado que las legumbres (ser) **son** muy buenas para la salud.*

1. No es normal que ayer nos (traer, ellos) .... veinte quesos del pueblo.
2. ¡Qué bien que nos (avisar, ellos) .... de que hay nieve en la carretera!
3. Estaba muy claro que tus hermanos no (querer) .... decirnos la verdad.
4. Antes, era terrible que (hacer, nosotros) .... enfadar al profesor, porque lo normal era que nos (imponer) .... castigos pesadísimos.
5. ¿No es evidente que toda la culpa (ser) .... suya?
6. No es bueno que (conducir, tú) .... tantas horas seguidas. Así que descansa, por favor.
7. Sería mejor que nos (ver, nosotros) .... en otra ocasión.
8. ¡Qué rabia que Lucía no (contar) .... con nosotros para su fiesta!
9. Esta mañana ha sido necesario que los vecinos (solicitar) .... los servicios de los bomberos.
10. Era obvio que, en aquellas circunstancias, Lucía se (sentir) .... molesta.

Aciertos: .... de 1

Consolida

11 **Escribe el verbo entre paréntesis en la forma más adecuada.**

Ej.: *Sería una lástima que no (obtener, vosotros)* **obtuvierais** *una beca.*

1. Parece que el próximo invierno (ser) .... muy frío.
2. Es probable que mañana (ir, yo) .... a pasear por la playa.
3. El otro día fue una locura que (cocinar, tú) .... para cincuenta personas.
4. No es preciso que (salir, tú) .... con los Gómez, si no quieres.
5. Está demostrado que practicar deporte (evitar) .... el insomnio.
6. Si me quieres ayudar, es suficiente con que me (escuchar) ....
7. No es fácil que (saber, nosotros) .... siempre cómo tratar a cierta gente.
8. Si no quieres problemas, sería mejor que te (ir) .... a casa ahora mismo.
9. Era evidente que ayer Maximiliano (querer) .... ayudarnos.
10. Es necesario que (ser, vosotros) .... más prudentes y responsables.

Aciertos: .... **de 10**

12 **Une las siguientes frases como en el modelo.**

Ej.: Lino tiene muchos títulos, pero no encuentra trabajo. ¡No es justo!
   ¡No es justo que Lino no encuentre trabajo!

1. Lucas y Míriam se llevaban muy bien, pero se han separado. Es inexplicable.
   ....
2. Han retirado las subvenciones para las pequeñas empresas. Es inconcebible.
   ....
3. Lidia tiene mucha capacidad creativa. Está claro.
   ....
4. Jaime ha aprobado las oposiciones para notario. Es genial.
   ....
5. Esos políticos han actuado de forma poco honesta. Está demostrado.
   ....
6. Ayer fui al nuevo local de Juan y no me dejaron entrar. No es justo.
   ....
7. Mi prima quiere empezar a trabajar. Es lógico y natural.
   ....
8. Últimamente los precios han subido mucho. Es innegable.
   ....

Aciertos: .... **de 8**

3. EXPRESAR LAS CONSTATACIONES Y LOS JUICIOS DE VALOR

Consolida

13 Completa con un verbo del recuadro en la forma correcta la siguiente carta de opinión dirigida a un periódico.

> a. haber   b. *ser*   c. molestarse   d. llevar   e. resultar
> f. venir   g. ser   h. precisar

Señor director:

Escribo a su periódico a propósito de los artículos aparecidos en él recientemente, con motivo de los enfrentamientos raciales que han tenido lugar en nuestra localidad.

En primer lugar, creo que cualquier clase de racismo *es* espantosa pero, por ser la que más nos toca, la referente a los gitanos resulta ser la peor, en mi opinión.

Es verdad que algunos de ellos (1) .... una vida no deseable, pero me parece que, de esos, los (2)........................ en todas las partes y en todas las razas y culturas.

Por otro lado, pienso que nadie o muy pocos (3)........................ en reflexionar sobre la causa de la actitud de ese pueblo hacia nosotros. Es lógico que la postura de un gitano hacia nuestra sociedad, que no lo acepta, (4)........................ siempre de defensa, puesto que así se lo ha enseñado su gente y la propia experiencia de vida.

Considero, además, que lo peor (5)........................ cuando esa actitud es malentendida. De ahí que el término «delincuente» sea demasiadas veces asociado a la palabra «gitano». No creo que (6)........................ ser aclarado que esa correlación es necesariamente falsa.

Por último, me parece que (7)........................ muy atrevido intentar encontrar la causa del aislamiento de esa raza, pero me gustaría hacer reflexionar sobre este tema. Quizá así un día sepamos comprendernos un poco mejor. ¡Ojalá!
María García Montes

Aciertos: .... de **7**

14 **¿Por qué no te animas a escribir tú también una carta de opinión sobre un tema de actualidad? Puedes seguir el modelo de la que te hemos propuesto como ejercicio.**

15 **Reacciona utilizando una de las formas impersonales vistas en este tema.**

Ej.: El número de fiestas anuales va a aumentar.
   Es estupendo que aumente el número de fiestas anuales.

1. La inflación va a subir muy poco este año.
   ....

2. Se limitará el uso de los coches en las ciudades.
   ....

3. En el primer mundo se destruyen cantidades ingentes de comida.
   ....

4. Se suprimirá la fiesta de San Valentín.
   ....

5. El precio de la gasolina bajará en los próximos meses.
   ....

6. Los delitos leves no serán castigados.
   ....

7. Han prohibido comer chicle en muchos colegios.
   ....

Aciertos: .... de 7

16 **Reacciona utilizando una de las formas de constatación vistas.**

Ej.: Un día hablaremos todos un mismo idioma.
   No es evidente que un día hablemos todos un mismo idioma.
   Es obvio que, en un futuro, hablaremos todos el mismo idioma.

1. Los jóvenes de hoy son unos inmaduros.
   ....

2. Dentro de poco, usaremos otros combustibles además del petróleo.
   ....

3. El tabaco es perjudicial para la salud.
   ....

4. La música de hoy es puro ruido.
   ....

5. Será eliminada el hambre en el mundo.
   ....

6. En el futuro, todo el mundo usará el ordenador.
   ....

7. Hay muchas tradiciones absurdas.
   ....

Aciertos: .... de 7

Consolida

17

A. Imagina que tienes un compañero de piso que hace las siguientes cosas.

1. Llega siempre tarde a las citas.
2. No hace nunca la compra.
3. Lava los platos solo los jueves.
4. Se cambia poco de ropa.
5. Te regala flores de vez en cuando.
6. Deja el baño hecho un desastre cuando se ducha.
7. Come muchísimas palomitas en el salón.
8. Pone la música muy alta.
9. Te invita a cenar el día de tu santo.
10. Cocina con mucho aceite.
11. Te plancha las camisas.
12. Habla con la boca llena.
13. Prepara helados muy ricos.

B. Ahora imagina, también, que hablas con un amigo tuyo sobre lo bueno y lo malo de tu compañero.

Usa estructuras vistas en este tema (como por ejemplo: *está mal / es injusto / es bonito que / es molesto / es una maravilla...* etc.).

Está mal que ponga la música muy alta, porque no me deja estudiar.

....
....
....
....
....
....
....
....
....
....
....
....
....

Aciertos: .... **de 1**

Tema

4

USO DEL INDICATIVO Y DEL SUBJUNTIVO EN ORACIONES RELATIVAS

PARA EXPRESAR

■ REFERIRSE A PERSONAS, COSAS O IDEAS/CONCEPTOS .... PÁG. 74

1. REFERIRSE A PERSONAS, COSAS, IDEAS, CONCEPTOS, ETC.

Observa

Esta es la película
(antecedente)

que más me gusta.
(relativo)

FORMA

Oraciones relativas

Pronombres y adverbios relativos.

▸ Referirse a una persona: *quien, quienes.*

▸ Referirse a personas o cosas: *que, el que, la que, los que, las que, el cual, la cual, los cuales, las cuales, cuyo, cuya, cuyos, cuyas* (expresa propiedad).

▸ Referirse a ideas y/o conceptos: *lo que, cuanto* (equivale a *lo que* o *todo lo que*).

▸ Referirse a un lugar, a un tiempo, a un modo. *donde, cuando, como.*

Regla

Con antecedente desconocido o no perfectamente determinado + **subjuntivo**.
Con antecedente conocido o concreto + indicativo.
En enunciados de carácter universal + indicativo.
En enunciados con antecedente negado + **subjuntivo**.
En las frases en las que se repite el verbo + **subjuntivo**.

Usos

En las oraciones relativas, la estructura más frecuente es verbo 1 + sustantivo (antecedente) + elemento relativo (*que...*) + verbo 2, en la que el relativo remite siempre al antecedente.

▶ **Si el antecedente es desconocido o no concreto, el verbo 2 va en subjuntivo.**

Busco a un chico que hable japonés.

– Cuando en el antecedente nos encontramos con *poco (poca/os/as)* o *apenas*, se usa normalmente el subjuntivo.

Hay pocos libros que me interesen.
Está diciendo poco que yo ya no sepa.

– *Cualquier(a) / quienquiera / dondequiera / como quiera* generalmente llevan subjuntivo, puesto que, con frecuencia, se refieren a antecedentes desconocidos.

Quienquiera que sepa algo que levante la mano.
Cualquier cosa que digáis será usada en contra vuestra.

▶ **Si el antecedente es conocido o concreto, el verbo 2 va en indicativo.**

Conozco a un chico que habla ocho idiomas.

▶ **En los enunciados de carácter universal o general, se usa el indicativo.**

Quien bien te quiere te hará llorar.
El que siembra vientos recoge tempestades.

▶ **Cuando la primera parte es negativa (antecedente negado), se emplea con mucha frecuencia el subjuntivo, porque se hace referencia a cosas no conocidas o concretas.**

No dice nada que nos pueda ser útil.
No hay nadie que pueda ayudarme.

▶ **En las frases en las que se repite el verbo, se utiliza el subjuntivo.**

Llame quien llame, tú no abras la puerta a nadie.
Mi abuela siempre me riñe, haga lo que haga.

Ejercicios

1 **Las oraciones relativas.**
Relaciona.

Ej.: *Aconséjame una película...*

1. Quiero un coche...
2. Busca una tienda de ropa...
3. Estoy buscando un profesor...
4. Necesito una cocina...
5. No me gustan los restaurantes...
6. Me han presentado a una chica...
7. Conozco a un chico...
8. Voy a comprar un diccionario...
9. Cómprame un poco de jamón...
10. Encontré un hotel barato...
11. No me gusta la gente...

a. que tenía garaje y portero de noche.
b. *que no sea de ciencia ficción.*
c. que sea cómodo y seguro.
d. que tenga horno eléctrico.
e. que trabaja como espeleóloga.
f. que sabe seis idiomas.
g. que me ayude con la Física.
h. que se cree infalible.
i. que tenga un apartado gramatical.
j. que solo ofrecen comida rápida.
k. que no sea muy cara.
l. que no esté muy salado.

Aciertos: .... de 11

2 ***El que, la que, los que o las que.***
Transforma las frases utilizando los relativos.

Ej.: Hemos entrado en unos *museos* que son muy interesantes.
*Los museos en **los que** hemos entrado son muy interesantes.*

1. Se dirigió hacia una *persona* que le parecía muy competente.
   ....

2. Viajé en un *coche* que había alquilado mi hermano.
   ....

3. Mi novio trabaja para una *empresa* que monta ordenadores.
   ....

4. Estudia con un *compañero* que le ayuda mucho.
   ....

5. Lo vi desde una *ventana* que daba a la calle.
   ....

Aciertos: .... de 5

3 **Los relativos.**

Completa con un relativo del recuadro y fíjate en el modo verbal empleado.

a. cuando	b. de la que	c. al que	d. en la que	e. a quienes
f. del que	g. *lo que*	h. con el que	i. en donde	j. como
	k. por donde	l. cuyas		

Ej.: No comprendimos muy bien *lo que* quería decirnos.

1. Fue durante la primavera .... hicimos aquel viaje.
2. Allí está el profesor .... nos habló Alfredo.
3. Esos son los alumnos .... expulsaron ayer de clase.
4. Ha sido un descubrimiento .... consecuencias viviremos.
5. Para la boda de su prima, deja a tu hijo que se vista .... quiera.
6. El lugar .... se celebrará el campeonato no es público todavía.
7. Espero que la habitación .... durmamos tenga buena ventilación.
8. Aquel es el chico .... sale mi hermana desde hace un año.
9. Me gustaría volver al restaurante .... fuimos el domingo.
10. No es una persona .... me fíe mucho.
11. Esa es la calle .... pasará la manifestación.

Aciertos: .... de 11

4 **Un paso más.**

Une las frases según el modelo.

Ej.: Ahora llega el nuevo profesor / Ayer te hablé de él.
    Ahora llega el nuevo profesor del que te hablé ayer.

1. Esta es la carnicería / Aquí compra mi madre todo el embutido.
   ....

2. Ese es el señor / A él le compré las entradas para el concierto.
   ....

3. Aquí tienes el libro / He hecho una buena reseña sobre él.
   ....

4. Vamos a entrar en ese barrio / Allí me perdí de pequeño.
   ....

5. Esa es la dependienta / Querías hablar con ella.
   ....

6. Ahí está la farmacia / Te gusta comprar ahí.
   ....

7. Aquella es la torre / Subisteis a ella hace un año.
   ....

8. Ahora llega mi amigo francés / El domingo te hablé de él.
   ....

Aciertos: .... de 8

uso del indicativo y del subjuntivo

Ejercicios

5 **Antecedente determinado o indeterminado.**
Indica en las siguientes frases si el elemento marcado en negrita es determinado (concreto / conocido) o indeterminado (no concreto / no conocido).

Ej.: *Hemos retirado **la mercancía** que estaba deteriorada.*   *concreto*

1. Limpia solo **los libros** que tengan polvo.   ....
2. **Los que** hicieron la prueba ayer hoy pueden irse a casa a las cinco. ....
3. Recoge tus juguetes y ponlos **donde** te ha dicho tu madre.   ....
4. **Su novela**, que será publicada el próximo marzo, será todo un éxito. ....
5. Pon esos papeles **donde** encuentres sitio.   ....
6. **El ensayo** que estoy estudiando es muy bueno.   ....
7. Coge **el primer plato** que veas en la cocina y tráemelo.   ....
8. Quiero comprarme **un bolso** que no sea demasiado grande.   ....
9. Quiten esos archivos de ahí y colóquenlos **donde** les hemos indicado. ....
10. Salgo con **un chico** que conocí hace dos veranos.   ....
11. Ocúpate tú de **todas las llamadas** que haya mañana.   ....

Aciertos: .... **de 11**

6 ***Que.***
Transforma según el modelo.

Ej.: Tengo una amiga experta en sociología.
     *Tengo una amiga **que** es experta en sociología.*

1. Le regalaron un equipo de música con mando a distancia.
   ....

2. En esa librería no tienen ningún libro de didáctica.
   ....

3. ¿Conoces a alguien interesado en alquilar una habitación?
   ....

4. Me gustan los chicos con traje y corbata.
   ....

5. Mi hermano tiene un compañero cantante.
   ....

6. ¿Has leído algún artículo sobre la campaña contra el tabaco?
   ....

7. Quiero ver una película de vaqueros.
   ....

Aciertos: .... **de 7**

7 **Oraciones relativas: indicativo o subjuntivo.**
Completa con el verbo entre paréntesis en la forma adecuada.

Ej.: *Quien (querer) **quiera** marcharse que me lo diga inmediatamente.*

1. Fue ella quien nos (indicar) .... cómo llegar hasta el hotel.
2. Prepara el arroz como (querer, tú) .... A mí me gusta de cualquier forma.
3. Mi madre, que (preocuparse) .... si nieva mucho, no nos dejó salir de casa.
4. Estoy buscando a la dependienta que me (atender) .... ayer.
5. Busco una tienda donde (vender) .... buenos regalos de boda.
6. Ve a la cocina y tráeme el primer vaso que (encontrar) ....
7. El curso próximo te ayudaré todo lo que (querer) ....
8. ¿Hay alguien que (saber) .... usar este aparato?
9. Tengo una crema que (servir) .... para broncearse sin sol.
10. En Londres visité los monumentos que tú me (aconsejar) ....
11. ¿Conoces algún sitio que (ser) .... tranquilo para charlar?
12. Más tarde haré la tarea que me (asignar) .... ayer el maestro.
13. Si no vamos donde nos (decir, él) .... el lunes, se enfadará con nosotros.

Aciertos: .... de 13

8 **Oraciones relativas en pasado.**
Completa con el verbo entre paréntesis en la forma adecuada.

Ej.: *No ha venido el técnico que (estar) **estábamos** esperando.*

1. Como no tenía quien le (ayudar) ...., rechazó la propuesta.
2. No encontramos a nadie que (querer) .... ayudarnos a hacer el proyecto.
3. No se portó con nosotros como (esperar) ....
4. Ordenó que quien (tener) .... el móvil encendido lo apagara inmediatamente.
5. Luis me pidió algo que (servir) .... para el dolor de cabeza.
6. El diario estará donde tú lo (dejar) .... ayer. Yo no sé nada.
7. Pasara por donde (pasar, él) ...., siempre se encontraba con sus tíos.
8. Ahora explícale a él lo que el otro día me (decir) .... a mí.
9. Necesitaba a alguien que le (ayudar) .... a salir de aquella situación.
10. La verdad es que mi tío era un hombre difícil, cualquier cosa que le (decir, yo) .... le parecía mal.
11. Hiciera como (hacer) .... el examen, esa profesora siempre me ponía una nota muy baja.

Aciertos: .... de 11

Ejercicios

9 **Oraciones relativas con subjuntivo.**
Completa con la forma de subjuntivo que consideres adecuada.

Ej.: *No hay nadie que (saber)* **sepa** *jugar al tenis mejor que él.*

1. Ayer fui a la nueva tienda y apenas vi discos que me (interesar) ....
2. Tengo muy pocos libros que (poder) .... servir para tus estudios.
3. No nos dijo casi nada que no (saber, nosotros) .... ya.
4. El poco dinero que (ganar, yo) .... el año próximo, lo invertiré en bolsa.
5. De niño, durmiera lo que (dormir) ...., siempre tenía sueño.
6. En la Infoferia no había ningún ordenador que me (atraer) .... lo más mínimo.
7. Es un optimista. Con él no hay quien (poder) ....
8. Llamara quien (llamar) ...., Marga nunca respondía al teléfono.
9. No hubo nadie que se (creer) .... sus palabras.
10. No le abráis la puerta a nadie, quienquiera que (llamar) ....
11. En el club de vacaciones conoció a pocas personas que (querer) .... jugar con él al ajedrez.
12. Comiera donde (comer) .... siempre le sentaba mal algo.
13. No te puedo prestar ningún libro que no (leer, tú) .... ya.

Aciertos: .... **de 13**

10 **Tiempos verbales en las oraciones relativas.**
Subraya la forma adecuada.

Ej.: *Tiene más posibilidades de conseguir ese trabajo de las que él crea /* **cree**.

1. No fue difícil encontrar a un candidato que *reúna / reuniera* todos los requisitos.
2. Le compraré el primer libro de poesía que *encontraré / encuentre*.
3. No hay nadie que me *gana / gane* al *ping-pong*.
4. El inspector encontró pistas que *conducían / condujeran* al criminal.
5. De París, voy a visitar solo lo que me *diera / dé* tiempo.
6. En la escuela no había quien *entendía / entendiera* al profesor de Matemáticas.
7. Había tres testigos que *vieron / viesen* salir al atracador del banco.
8. ¿Hay alguien que *pueda / puede* echarme una mano?
9. Necesito un fontanero que *arregle / arregla* los grifos de la cocina.
10. Me gustan las personas que *hablan / hablen* con propiedad.
11. Es un concepto en el que me *interesaría / interesara* profundizar.
12. Los chicos con quienes *estuvimos / estuviéramos* ayer son mis vecinos.

Aciertos: .... **de 12**

11 **Frases en las que se repite el mismo verbo.**
Completa con un elemento de cada recuadro.

a. decir	b. ser	c. beber	d. estar	e. salir	f. hablar
g. dormir	h. **hacer**	i. ir	j. comprar		

1. cuanto	2. lo que	3. como	4. lo que	5. donde
6. con quien	7. como	8. con quien	9. **como**	10. donde

Ej.: Siempre nos sale el mismo resultado **hagamos como hagamos** el ejercicio.

1. .... (tú), nadie se ofrecerá a ayudarte.
2. Estoy harta de María. Nunca está contenta con ningún regalo, le ....
   ....
3. No te preocupes, encontraremos a tu perro, ...
4. ¡Qué extraña enfermedad! Siempre tiene sed, ...
5. Tenemos que terminar hoy este informe, ...
6. ...., no vas a conseguir que te haga caso.
7. ...., siempre seréis bien recibidos.
8. Siempre me levanto con dolor de cabeza, ...
9. ...., en esta ciudad, te aburrirás siempre.

Aciertos:	de 9

12 **Deja la elección a otra persona.**
Responde las preguntas, según el modelo.

Ej.: ¿Cuándo quedamos con tus primas? (cuando / querer)
  *No sé, **cuando quieras.***

1. ¿Qué me pongo para la fiesta de mañana? (lo que / querer)
   ....
2. ¿Por dónde vamos a Barcelona? (por donde / ser mejor)
   ....
3. Oye, ¿a quién invitamos a la cena de aniversario? (a quien / querer)
   ....
4. ¿Qué prefieres, salimos o nos quedamos viendo la tele? (lo que / apetecerte)
   ....
5. ¿Cómo vamos a Madrid, en tu coche o en tren? (como / preferir)
   ....

Aciertos:	de 5

Ejercicios

13 **Corrige lo dicho por tu compañero.**
Sigue el modelo.

Ej.: María llamó ayer a Pilar (Carmen).
No fue María quien llamó ayer a Pilar, sino Carmen.

1. El domingo fuimos a pasear por el Parque Florio (Parque Virgiliano).
....

2. Nos atendió una dependienta rubia (Morena).
....

3. Le entregué el trabajo al profesor titular (Profesor asistente).
....

4. Los Gómez veranean siempre con sus tíos (Sus primos).
....

5. Ayer nos encontramos con Luis (Marcos).
....

6. Conocimos a Miguel en 1988 (En 1990).
....

7. Esta noche salimos con tus hermanos (Tus sobrinos).
....

8. El domingo Ana tuvo un accidente de moto (Marta).
....

9. De pequeño pasaba siempre por la Plaza de la Paja (Plaza de la Cebada).
....

Aciertos: .... **de** ⬛

14 **¿Cómo lo quieres?**
Construye frases siguiendo el modelo.

Ej.: 100 g de jamón / Ser de bellota
Quiero 100 g de jamón, **pero que sea** de bellota.

1. Un kilo de carne de ternera / Ser tierna ....
2. Una ración de callos / No estar picantes ....
3. Un desodorante / No llevar alcohol ....
4. Una bebida / No estar fría ....
5. Un sofá / Tener cama para dos ....
6. Una camiseta / Costar poco ....
7. Un libro / Ser entretenido ....
8. Un ordenador /Tener Internet ....

Aciertos: .... **de**

Consolida

15 **Completa las siguientes frases.**

Ej.: Me irritan las personas que se (creer) **creen** muy inteligentes.

1. Todavía no me he decidido, pero me quedaré con la casa que finalmente más me (gustar) ....
2. Come cuanto (querer) ...., tenemos paella de sobra.
3. Los que (conseguir) .... esa beca serán realmente afortunados.
4. No sé dónde comprar las pastas que le (gustar) .... a mi abuela.
5. Como he engordado tanto, no encuentro ropa que me (valer) ....
6. No es con leche como se (hacer) .... esa salsa, sino con nata.
7. Me gustaría vivir en una ciudad donde los servicios (funcionar) .... mejor.
8. Es terrible ser famoso. Vayas donde (ir) ...., siempre te reconocen.
9. No conozco a nadie que (conducir) .... peor que mi vecino. Es un desastre.
10. Estoy saliendo con unas chicas que (conocer, yo) .... el verano pasado.
11. Cuando llegues esta noche, llámame, sea la hora que (ser) ....
12. El conferenciante dijo pocas cosas que (ser) .... nuevas para nosotros.
13. No hay ningún lugar que me (gustar) .... tanto como mi casa.
14. Los obreros pusieron las cajas donde (encontrar) .... sitio.
15. No era allí donde (vivir) .... los abuelos, sino en la otra plaza.
16. Hoy no puedo salir contigo, pero el domingo te llevo de excursión donde te (apetecer) ....
17. Por favor, dile al juez todo lo que (saber) ....
18. Mi hermano tiene un amigo que (dedicarse) .... a la astrología.
19. No me gustan los coche que no (tener) .... portaequipajes.
20. Cualquier cosa que (decir, tú) .... puede ser usada contra ti.
21. No tengo ningún libro que (valer) .... para preparar ese examen.
22. Hay personas que no (saber) .... aceptar una crítica.
23. Hizo todo lo que (poder) .... para salvar su negocio.

| Aciertos: .... | de 23 |

Consolida

16 ¿Sabes qué significan las siguientes palabras? Intenta definirlas usando estructuras relativas.

Ej.: Verbena: *es una fiesta popular en la que se baila generalmente al aire libre.*

1. Abanico: ....
2. Castañuelas: ....
3. Cava: ....
4. Villancico: ....
5. Piñata: ....
6. Turrón: ....
7. Belén: ....
8. Traje de luces: ....
9. Paella: ....
10. Parador nacional: ....
11. Pandereta: ....

Aciertos: .... de 1·

17 Piensa en cómo son y en cómo te gustaría que fueran cinco cosas de tu vida. (Si quieres, elige entre la lista que te proponemos). Construye frases usando estructuras relativas.

Coche / Moto / Bicicleta, Casa, Trabajo, Colegas de trabajo / Compañeros de estudios, Profesor, Ciudad, Familia, Amigos, Centro de estudios, Carácter.

Ej.: *Tengo unos colegas de trabajo en los que no puedo confiar mucho. Me gustaría tener colegas con los que pudiera trabajar más relajado.*

1. ....
   ....
2. ....
   ....
3. ....
   ....
4. ....
   ....
5. ....
   ....

Aciertos: .... de 5

18

A. Lucía ha hecho un viaje con la agencia «Fíate y verás», pero no todo ha ido como ella esperaba. Ella pidió y pagó por los siguientes servicios:

Hotel de lujo y céntrico
Habitación amplia y luminosa
Conexión rápida a Internet
Terraza o balcón con vistas al mar
Cama matrimonial
Baño completo en la habitación
Pensión completa con bebidas incluidas
Menús vegetarianos
Asistencia de un guía en español y grupo de habla española
Instalaciones deportivas (piscina / gimnasio)
Aparcamiento vigilado
Tres excursiones gratuitas a los alrededores
Animación incluida

B. Imagina ahora cómo continuaría la carta de protesta de Lucía al director de la agencia. Intenta emplear estructuras relativas.

Señor director:

Me dirijo a usted para protestar por la poca calidad de los servicios por su agencia ofrecidos. Le informo de que es mi intención denunciar lo sucedido ante los órganos competentes, pero antes quiero que usted conozca los hechos con detalle.

Paso ahora a enumerarle los motivos de mi denuncia:

Pedí que el hotel fuera de lujo y estuviera céntrico, y estuve en uno de dos estrellas que estaba a las afueras de la ciudad.

La habitación en la que me alojé era pequeña y oscura, además....

Tema 5

USO DEL INDICATIVO Y DEL SUBJUNTIVO EN ORACIONES ADVERBIALES

PARA EXPRESAR

- **EL TIEMPO** .... PÁG. 87
- **LA FINALIDAD** .... PÁG. 98
- **LA CAUSA** .... PÁG. 106
- **LAS CONDICIONES I** .... PÁG. 114
- **LAS CONDICIONES II** .... PÁG. 124
- **LA CONSECUENCIA** .... PÁG. 135
- **LA OBJECIÓN O DIFICULTAD** .... PÁG. 143

Observa

[Cuando venga
Yolanda, hablaré
con ella.]

FORMA

▸ Cuando
En cuanto
Tan pronto como
Apenas
No bien
Así que
Después de que
A medida que
Según
Conforme
Desde que
Hasta que
Cada vez que
Siempre que
Mientras

+ **indicativo** / **subjuntivo**
(acción ya vivida)   (acción aún no vivida)

▸ Mientras que /
mientras tanto / entre tanto   + **indicativo**

▸ Antes de que   + **subjuntivo**

▸ Al / nada más / antes de /
después de / hasta   + **indicativo**

Regla

Se utiliza el **indicativo** o el **subjuntivo** dependiendo del nexo temporal utilizado. Muchos nexos admiten los dos modos verbales, utilizar uno u otro depende de si se trata de una acción ya vivida o aún no vivida.

1. PARA EXPRESAR EL TIEMPO

Usos

▶ Las oraciones introducidas por *cuando* (nexo temporal de uso más frecuente) o por uno de los nexos señalados en su grupo en el esquema llevan indicativo cuando hablamos de una acción presente, habitual o pasada (es decir, de una acción ya vivida / experimentada) y llevan subjuntivo cuando se habla del futuro (es decir, de una acción todavía no vivida / experimentada).

> *Cuando llego a casa, me cambio de ropa. (Acción habitual)*
> *Ayer, cuando llegué a casa, me preparé un chocolate. (Acción pasada)*
> *Cuando llegue a casa, me quitaré los zapatos. (Acción futura)*

– **Las oraciones interrogativas, directas o indirectas, con *cuándo* llevan siempre indicativo.**

> *No sé cuándo vendrá.*
> *¿Cuándo volverás a Cancún?*

▶ La anterioridad se expresa con *antes de que* + subjuntivo (para sujetos distintos) y *antes de* + infinitivo (un solo sujeto).

> *Entregadme (vosotros) todos los documentos antes de que me vaya (yo).*
> *Antes de salir (yo), cierro bien las ventanas (yo).*

– **La posterioridad inmediata se expresa con *en cuanto* / *tan pronto como* / *apenas* (menos usado) / *no bien* (registro formal) / *así que* (registro formal) + indicativo / subjuntivo y *nada más* (registro informal) + infinitivo.**

> *En cuanto termines los deberes, vete a la cama. (Acción futura)*
> *Tan pronto como se hace de noche, encienden las farolas. (Acción habitual)*
> *Nada más terminar de cenar, se levantó y se fue. (Acción pasada)*

– **La posterioridad se expresa con *después de que* + indicativo / subjuntivo. *Después de* + infinitivo se usa generalmente con un solo sujeto.**

> *Después de que llegara / llegó el presidente, se inició la reunión.*
> *Después de cenar, veo un rato la tele.*

– **La progresión simultánea de dos acciones se expresa con *a medida que* / *según* / *conforme* + indicativo / subjuntivo.**

> *A medida que lleguen los papeles, colócalos ahí.*
> *A medida que llegaron los papeles, los colocamos en los anaqueles.*

– El origen o inicio de la acción se expresa con *desde que* + indicativo / sub-juntivo.

> *Desde que lo conozco, no ha llegado tarde a ninguna cita.*

– El límite o final se expresa con *hasta que* + indicativo / subjuntivo o *hasta* + infinitivo.

> *No saldrás de casa hasta que no termines de comer.*
> *Lucharon hasta morir.*

– La repetición se expresa con *cada vez que* / *siempre que* + indicativo / sub-juntivo.

> *Cada vez que lo veo, lleva el teléfono en la mano. (Acción habitual)*
> *Siempre que voy a la sierra, llueve. (Acción habitual)*

– La duración de la simultaneidad se expresa con *mientras* + indicativo / sub-juntivo.

▶ En cambio *mientras que* / *mientras tanto* / *entretanto* + indicativo añaden un matiz contrastivo.

> *Mientras yo cocino, tú puedes estudiar un poco.*
> *Mientras estés en mi casa, harás lo que yo diga.*
> *Luisa trabaja mucho, mientras que su hermana Ana no hace nada.*
> *Me voy a duchar. Tú, mientras tanto, puedes preparar un café.*

▶ La simultaneidad instantánea se expresa con *al* + infinitivo.

> *Al oír sus palabras, sentimos una profunda emoción.*

Ejercicios

1 *Cuando.*
Relaciona.

Ej.: *Cuando era niño*

1. Responde a sus preguntas solo
2. Cuando salgan los resultados del examen
3. Me duele mucho en esta zona
4. Cuando íbamos a la otra escuela
5. Te volveré a escribir
6. Cuando vivía en Guadalajara
7. Mi sobrino, cuando quiere,
8. Cuando me levanté
9. Le contaré todo lo que ha pasado
10. Cuando me duele mucho la cabeza,
11. Me dio un vuelco al corazón

a. cuando sepas qué tienes que decir.
b. *jugaba mucho en el parque.*
c. trabajaba como camarero.
d. cuando lo vuelva a ver.
e. tomo un par de analgésicos.
f. cuando tomo algo frío.
g. vi que la ventana estaba abierta.
h. cuando tenga un poco más de tiempo.
i. avísame inmediatamente.
j. nos acompañaba siempre mi madre.
k. cuando vi al bebé en el suelo.
l. se porta muy bien.

Aciertos: .... de 1

2 **Oraciones temporales con *cuando*.**
Observa las siguientes frases y subraya la forma que consideres adecuada en cada una.

Ej.: *Cuando __tenía__ / tenga dieciocho años, salía todos los días con mis amigos.*

1. Cuando *podía / podrá*, iba a visitar a sus abuelos.
2. Empezaremos a cenar cuando *llegue / llegará* tu madre.
3. Tuvo su segundo hijo cuando el mayor ya *había cumplido / cumple* doce años.
4. Préstame una novela interesante. Te la devuelvo cuando la *lea / leeré.*
5. El profesor nos riñe mucho cuando *lleguemos / llegamos* tarde.
6. Me voy de vacaciones, os llamaré cuando *volveré / vuelva.*
7. Ordeno mi habitación cuando *estoy / estaré* solo en casa.
8. Iré a Madrid cuando *ahorre / ahorraré* un poco más.
9. Cuando *estás / estarás* muy cansado, tienes una extraña mirada.
10. Cuando no *consigo / conseguiré* dormirme, me levanto y leo algo.
11. Cuando *veas / verás* a tu prima, dile que quiero hablar con ella.

Aciertos: .... de 1

3

Cuando o cuándo.
Subraya la forma correcta.

Ej.: ¿**Cuándo** / *Cuando te cambiarás de casa?*

1. Este árbol lo plantó mi abuelo *cuándo* / *cuando* nació mi padre.
2. No recuerdo *cuándo* / *cuando* me compré los zapatos negros.
3. ¿*Cuándo* / *Cuando* quieres que le llame para salir?
4. *Cuándo* / *Cuando* habló con Alberto se puso colorado y nervioso.
5. No estoy seguro de *cuándo* / *cuando* me voy.
6. Te devolveré el libro que me prestaste *cuándo* / *cuando* lo termine.
7. No sé *cuándo* / *cuando* volverá mi hermana de su viaje por el norte.
8. ¿Sabes *cuándo* / *cuando* termina el curso de inglés?
9. *Cuándo* / *Cuando* hace sol, todo me parece más bonito.

Aciertos: .... de 9

4

Cuando **con acciones puntuales en el pasado.**
Sigue el modelo.

Ej.: Ser tu cumpleaños / Cenar juntos (nosotros).
     Cuando fue tu cumpleaños, cenamos juntos.

1. Estar bien (ella) / Volver a clase.
   ....
2. Tener tiempo (yo) / Llamar a mi sobrino.
   ....
3. Saber lo ocurrido (él) / Enfadarse.
   ....
4. Terminar el trabajo, mi padre / Pasar a recoger a mi hermana.
   ....
5. Volver a París (tú) / Comprarme un recuerdo.
   ....
6. Venir los niños / Empezar a cenar (nosotros).
   ....
7. Terminar de leer el libro (tú) / Pasarlo a Marta.
   ....
8. Ir de vacaciones (vosotros) / Mandarme una postal.
   ....
9. Hacer buen tiempo / Ir de excursión (ellos).
   ....

Aciertos: .... de 9

1. PARA EXPRESAR EL TIEMPO

Ejercicios

5 *Cuando* con subjuntivo y futuro o imperativo.
Intenta ahora transformar las frases del ejercicio anterior en acciones todavía no vividas.

Ej.: *Cuando sea tu cumpleaños, cenaremos juntos.*

1. ....
2. ....
3. ....
4. ....
5. ....
6. ....
7. ....
8. ....
9. ....

Aciertos: .... de !

6 **Otros nexos.**
Relaciona.

Ej.: *Ayer Julio se marchó después de que*

1. No nos moveremos de aquí hasta que
2. Está muy deprimido desde que
3. Trabajaré aquí mientras
4. Mi abuelo tenía cerca de ochenta años cuando
5. Podrás dedicarte a lo que quieras una vez que
6. Generalmente, me voy a casa en cuanto
7. El secretario sellaba los sobres a medida que
8. Explícame el ejercicio antes de que
9. Se toma siempre una infusión después de
10. Te enviaré lo que me pediste tan pronto como
11. Siento un cierto temor siempre que
12. Haz los ejercicios conforme
13. No he vuelto a verlo desde que

a. paso por esa zona tan poco iluminada.
b. te hayas licenciado.
c. terminó sus estudios universitarios.
d. **se hiciera de noche.**
e. le han dicho que no ha ganado la beca.
f. los senadores se los entregaban.
g. no encuentre algo mejor.
h. no terminemos el trabajo.
i. las comidas principales del día.
j. la maestra me pregunte.
k. salgo de la academia.
l. tenga un momento para preparar el paquete.
m. te los vaya indicando el profesor.
n. discutimos hace siete años.

Aciertos: .... de ´

7 **Otros nexos con indicativo o subjuntivo.**
Observa las siguientes frases y subraya la forma adecuada.

Ej.: *No me gusta la gente que no te mira cuando hables /* **hablas** *con ella.*

1. Siempre que *viajo / viaje* fuera compro muchos recuerdos.
2. Sal de esa habitación antes de que *llegue / llegará* tu padre.
3. Apenas *viera / vio* a sus padres, echó a correr hacia ellos.
4. Desde que me *marché / marche* de allí, no he vuelto más.
5. Estuvo leyendo hasta que su madre le dijo que *apaga / apagara* la luz.
6. Me crucé con Julio y con Alba al *pasar / pase* por la plaza.
7. Colocaré los muebles nuevos a medida que me los *van / vayan* mandando.
8. En cuanto *terminaréis / terminéis* de jugar, recoged todos los juguetes.
9. Mientras *dure / dura* el conflicto, no se puede viajar a ese país.
10. En el preciso momento en el que *entre / entré*, se acabó la conferencia.
11. Según *llegaron / llegasen*, se quitaron los abrigos y los tiraron al suelo.

Aciertos: .... **de 11**

8 **Elegir modo verbal.**
Escribe el verbo entre paréntesis en la forma adecuada.

Ej.: *Me encanta salir a pasear cuando (llover)* **llueve**.

1. Desde que (saber, él) .... que no le van a ascender, está muy desmotivado.
2. Anoche, el niño de los vecinos estuvo llorando hasta que (dormirse) ....
3. No me gusta leer mientras (estar, yo) .... en el autobús.
4. En cuanto (terminar, vosotros) .... de consultar el diccionario, prestádmelo.
5. Después de (salir, él) .... de casa, se dio cuenta de que no llevaba dinero.
6. Tan pronto como (fijar, ellos) .... el calendario lectivo, nos lo comunicarán.
7. Siempre que (ir, yo) .... de vacaciones, te traeré un regalo. Te lo prometo.
8. Registró todos los envíos conforme (ir) .... llegando al almacén.
9. Mientras no (terminar, vosotros) .... todos los ejercicios, no podréis salir.
10. Por favor, lavaos las manos antes de que os (llamar, ellos) .... para comer.
11. No os mováis de ahí hasta que yo os lo (indicar) ....

Aciertos: .... **de 11**

1. PARA EXPRESAR EL TIEMPO

Ejercicios

9 **Un paso más.**
Escribe el verbo entre paréntesis en la forma adecuada.

Ej.: *Después de (comer)* **comer**, *retiraron todas las mesas para poder bailar.*

1. Podrás marcharte a jugar tan pronto como (terminar, tú) .... los deberes.
2. Desde que (llegar) .... a esta ciudad, no he ido a la ópera ni una sola vez.
3. Llama a tus familiares en cuanto (tener) .... un momento libre.
4. Cuando (terminar) .... la discusión, salió de la sala sin decir nada a nadie.
5. Insistió hasta (convencernos) .... de que tenía razón.
6. En cuanto (entrar) .... en la habitación, os daréis cuenta de que allí ha pasado algo raro.
7. Cada vez que (poder) ...., me voy a descansar al pueblo.
8. No lo denuncié hasta que no (estar) .... seguro de que nos engañaba.
9. El autobús se puso en marcha antes de que (subirse) .... todos los pasajeros.
10. De pequeños, mientras yo (hacer) .... los deberes, mi hermano se sentaba siempre junto a mí.

Aciertos: .... de 1

10 **Elegir el nexo temporal.**
Completa las frases con el nexo temporal más adecuado.

| a. en cuanto (2) | b. mientras | c. hasta que (2) | d. después de (2) |
| e. antes de que (2) | f. desde que | g. *cuando* (2) | h. nada más |

Ej.: **Cuando** *era pequeña, me gustaba mucho jugar con las muñecas.*

1. .... esperar más de una hora, me dijo que no me podía recibir.
2. Mándame los apuntes .... puedas, no tengo ninguna prisa.
3. .... llegues, escríbeme para decirme cómo es la residencia en la que te alojas.
4. Ayer terminamos los informes .... llegara el director.
5. ¿Qué pensáis hacer .... terminar la escuela?
6. Me quedaré en este piso .... encuentre otro mejor.
7. .... terminó sus estudios, está trabajando en esa empresa.
8. Rompió la carta .... vio quién se la mandaba.
9. Dijo que me llamaría .... llegar al aeropuerto.
10. Se marchó de la secretaría .... le tocara su turno.
11. Por favor, quita la radio .... tu padre esté hablando por teléfono.

Aciertos: .... de

11 **Oraciones temporales en pasado.**
Transforma las frases según el modelo.

Ej.: Serviré el café antes de que se enfríe.
    Serví el café antes de que se enfriara / enfriase.

1. Apagaré el horno antes de que se queme el asado.
....

2. Saldré en cuanto me avisen por teléfono.
....

3. El avión despegará cuando la torre de control lo indique.
....

4. Llegaremos antes de que empiece el espectáculo.
....

5. Publicarán la noticia tan pronto como se filtre la información.
....

6. Voy a hablar con el jefe antes de que se marche.
....

7. Volveré a casa cuando cierren las tiendas.
....

8. Aparcaré el coche mejor antes de que me pongan una multa.
....

9. Le ayudaré cuando me lo pida con amabilidad.
....

10. Me compraré otros pantalones antes de que se acaben las rebajas.
....

11. Te llamará tan pronto como se sepa algo de lo ocurrido.
....

12. Pagaremos las facturas a medida que nos las envíen.
....

13. Me compraré un coche en cuanto ahorre lo suficiente.
....

14. Colocaré los libros de texto en esa estantería según los vaya comprando.
....

Aciertos: .... **de 14**

1. PARA EXPRESAR EL TIEMPO

Consolida

12 **Completa cada frase con un verbo del recuadro en el tiempo más adecuado.**

a. publicarse	b. decir	c. *saber*	d. entrar	e. quedarse
f. ducharse	g. terminarse	h. llegar	i. llamar	j. tener

Ej.: *Vino en cuanto* **supo** *lo que había ocurrido.*

1. No apagaré la radio hasta que no .... el partido de fútbol.
2. Me crucé con el director al .... en clase y me puse muy nervioso.
3. Te llamaré apenas .... los resultados en el periódico.
4. Siempre que la ...., está ocupada y no puede hablar conmigo.
5. Después de que el médico te .... qué tienes que hacer, podrás marcharte.
6. Nada más .... a casa, me gusta quitarme los zapatos.
7. Dúchate antes de que .... sin agua caliente.
8. Una vez que .... todo lo de la lista, haz un paquete y mándaselo.
9. Mientras yo ...., baja tú a hacer la compra.

Aciertos: .... de 9

13 **Elige el nexo y une las frases según el modelo, haciendo los cambios oportunos.**

cuando	a medida que	antes de	en cuanto
desde que (2)	antes de que	*mientras* (2)	

Ej.: *Tú puedes ir a comprar el pan / Yo limpio la cocina.*
*   **Mientras** yo limpio la cocina, tú puedes ir a comprar el pan.*

1. Él vio las notas en la facultad / Enseguida llamó a Lucía para decírselo.
....
2. Parece otra persona / El cambio se produjo cuando conoció a Miranda.
....
3. Se marchó de la reunión / No esperó a que esta terminara.
....
4. Normalmente llego a casa / Me cambio de ropa.
....
5. Los alumnos llegarán / Poco a poco ocuparán sus asientos.
....
6. Tú preparas la comida / Yo, al mismo tiempo, contesto al correo electrónico.
....
7. Encontró trabajo / Todavía no había terminado la carrera.
....
8. En esta ciudad me aburro mucho / Llegué aquí hace años.
....

Aciertos: .... de

14 **Responde libremente utilizando el nexo indicado.**

Ej.: ¿Cuándo aprendiste a leer?
  – *Cuando **tenía seis años**.*

1. ¿Cuándo leerás una novela en español?
   – Tan pronto como ....

2. ¿Hasta cuándo estarás aquí?
   – Hasta que ....

3. ¿Cuándo irás a Madrid?
   – En cuanto ....

4. ¿Cuándo llamas a tus amigos?
   – Cuando ....

5. ¿Hasta qué hora sueles trabajar?
   – Hasta que ....

6. ¿Vas mucho al cine?
   – Siempre que ....

7. ¿Cuándo estudiarás un poquito de español?
   – Cuando ....

8. ¿Desde cuándo estudias idiomas?
   – Desde que ....

9. ¿Cuándo irás a cenar fuera?
   – Tan pronto como ....

10. ¿ Cuándo te cambiarás de casa?
    – Cuando ....

11. ¿Con qué frecuencia repasas tus lecciones?
    – Cada vez que ....

12. ¿Piensas comprarte un coche nuevo?
    – En cuanto ....

13. ¿Hasta qué edad utilizaste uniforme en la escuela?
    – Hasta que ....

Aciertos: .... **de 13**

2. PARA EXPRESAR LA FINALIDAD

Observa

[He venido para que me ayudes.]

FORMA

Oraciones finales

▸ Para   + infinitivo
  Para que   + subjuntivo

▸ A fin de (que)
  Con vistas a (que)
  Con la intención de (que)
  Con el fin de (que)
  Con el propósito de (que)   infinitivo / subjuntivo
  Con la idea de (que)
  Con el objeto de (que)

▸ A efectos de (que)

▸ A (que)

▸ Que   + subjuntivo

Regla

Con casi todos estos nexos finales, si el **verbo principal** y el **verbo subordinado** tienen un mismo sujeto, se utiliza el infinitivo.
Si el **verbo principal** y el **verbo subordinado** tienen sujetos diferentes, se utiliza *que* + subjuntivo.

▶ *Para* es la partícula final de uso más universal (es decir, la más empleada). Observa:

Para
El mismo sujeto + infinitivo

Estoy aquí (yo) para hablar (yo) contigo.
Ha comprado (ella) ese conjunto para ponérselo (ella) en la boda de Juan.

Para que
Distinto sujeto + subjuntivo

Te he prestado (yo) mi libro para que lo leas (tú) enseguida.
Hemos venido (nosotros) a la tutoría para que el profesor nos aclare unas dudas.

– En las oraciones interrogativas (directas o indirectas) con *para qué* se usa siempre indicativo.

No comprendo para qué me ha pedido el coche.
¿Para qué has comprado tantos pasteles?

▶ *A fin de (que)* / *con vistas a (que)* / *con la intención de (que)* / *con el fin de (que)* / *con el propósito de (que)* / *con la idea de (que)* / *con el objeto de (que)*. Todas estas formas, que, en general, podemos considerar de uso mucho más restringido, se comportan como *para* en lo que se refiere al uso del infinitivo o del subjuntivo.

Los he convocado con el firme propósito de que las cosas se aclaren de una vez.
Me he comprado ese abrigo con vistas a usarlo el próximo invierno.

– *A efectos de (que)*. Se trata de una locución propia del lenguaje administrativo.

La nueva legislación se aplicará a efectos de solventar las insuficiencias detectadas en la anterior.

– *A (que)*. Se emplea con algunos verbos de movimiento.

He subido a casa a coger los documentos que me faltaban.
Ha ido al taller a que le arreglen el coche.

▶ *Que* (+ subjuntivo). Las oraciones con *que* final son coloquiales y suelen llevar imperativo en la oración principal.

Ponle la chaqueta al niño, que no se quede frío.
Habla más alto, que te oiga todo el mundo.

2. PARA EXPRESAR LA FINALIDAD

Ejercicios

1 ¿Para qué sirven los siguientes objetos?
Relaciona.

Ej.: *Un sacacorchos*

1. Una mochila		a. mantener fresca el agua.
2. Un botijo		b. iluminar un lugar.
3. Un abanico		c. indicar la dirección del viento.
4. Un lapicero	sirve para	d. escribir algo.
5. Una bombilla		e. indicar la hora.
6. Un martillo		f. transportar cosas en la espalda.
7. Una veleta		g. *quitarle el tapón a una botella.*
8. Un cuchillo		h. darse aire y refrescarse.
9. Un reloj		i. clavar cosas sobre una superficie.
		j. cortar.

Aciertos: .... de 9

2 **La finalidad.**
Completa con las frases del recuadro.

> a. *pagar el alquiler de la casa*   b. no me duela más el estómago
> c. comprar algunas obras   d. hablar con el director
> e. aprenda inglés   f. ordenar mis papeles
> g. ser feliz   h. nos informen sobre los impuestos
> i. aprobar todas las asignaturas   j. no entre frío

Ej.: *Tenemos que ir al banco para **pagar el alquiler de la casa.***

1. Hemos ido al Ayuntamiento para que ....
2. Cierra bien la ventana para que................................. esta noche.
3. Ponte elegante para ....
4. Para .... tienes que estresarte menos.
5. Me he comprado un archivador para ....
6. Tienes que estudiar más para ....
7. Le han concedido una beca para que ....
8. El médico me ha recetado unas gotas para que ....
9. He ido a la exposición de fotografía para ....

Aciertos: .... de

3 *Para o para que.*
Transforma las siguientes frases. Di lo mismo usando *para / para que*.

Ej.: Iré a casa de Marta. Así me aclara mis dudas en Química.
Iré a casa de Marta para que me aclare mis dudas en Química.

1. Fui a visitar a mi abuela. Así le hice un poco de compañía.
....

2. Es mejor aclarar ahora la situación. Así no habrá más equívocos.
....

3. Ve al banco antes de las diez. Así no harás cola.
....

4. Cenaremos en el restaurante de Chus. Así probarás sus menús.
....

5. Llamaré a Gely esta tarde. Así sabrá que mañana hay una reunión.
....

6. Vuelve a casa pronto. Así podrás estudiar con calma.
....

7. Tómate estas pastillas. Así se te quitará el dolor de cabeza.
....

| Aciertos: .... | **de 7** |

4 **Preguntar o informar de una finalidad.**
Completa con infinitivo / *que* + subjuntivo / *qué* + indicativo.

Ej.: *He ido a la galería de arte para (comprar, yo)* **comprar** *alguna obra.*

1. Removí la comida para (no pegarse) ....
2. No comprendo para (querer) .... que te preste todos mis apuntes.
3. Quita la fruta de ahí para (no estropearse) ....
4. Empezó a ir al gimnasio para (recuperarse) .... después de su lesión.
5. Le llamé para (decirme) .... dónde podía encontrar el libro que me hacía falta.
6. Échate un poquito de crema solar para (proteger) .... la cara.
7. Conectaron los altavoces para (poder) .... oír el discurso todo el mundo.
8. Compraremos una lámpara para (regalar) .... a Lucía.
9. Me preguntó que para (ir, yo) .... con tanta frecuencia a casa de Ana.
10. Le enseñaron unas fotos para (convencer) .... de lo que decían.

| Aciertos: .... | **de 10** |

2. PARA EXPRESAR LA FINALIDAD

Ejercicios

5 *Para, para que y para qué.*
Completa con una de estas tres partículas y con un verbo del recuadro en la forma adecuada.

a. no olvidarse	b. tener	c. venir	d. ser	e. comprar	f. arreglar
	g. **concentrarse**	h. servir	i. pedir	j. ayudar	k. poder

Ej.: *Estudio por la noche **para concentrarme** mejor.*

1. Explícame .... veinte kilos de tomates esta mañana.
2. Voy a comprarte un regalo .... nunca de mí.
3. Se ha matriculado en un curso .... decorador.
4. Contraté a un profesor particular .... a los niños.
5. El portero ha llamado a un fontanero .... la calefacción.
6. No sé .... este aparato tan raro.
7. Ignoro .... (él) que preparar tantos documentos.
8. Si él tiene dinero, ¿................................. (él) que le concedan un préstamo?
9. Ya es muy tarde .... Luis. Seguro que ha decidido no salir.
10. He comprado una tele a mis padres .... ponerla en la cocina.

Aciertos: .... de 1

6 **Otros nexos finales.**
Relaciona.

Ej.: *Ese chico ha demostrado que sirve*

1. Antes de que sea más tarde, baja al perro
2. Ayer por la noche llamé a mi padre
3. Se comportó con él con bastante frialdad
4. Le voy a regalar un libro de verbos
5. Anda, siéntate cerca de mí,
6. Los avisó de la boda con mucha antelación
7. Se acercó al lugar del accidente
8. Sal de compras con el niño cuanto antes,
9. He venido hasta aquí solo
10. Realizaron algunos cambios en el negocio

a. con vistas a que lo repase todo.
b. con la intención de ofrecer su ayuda.
c. a que corra un poco por el parque.
d. con vistas a conseguir mayores beneficios.
e. para que me escuches. No te pido más.
f. con la intención de que pasara a buscarnos.
g. que podamos hablar tranquilamente.
h. a fin de evitar cualquier malentendido.
i. **para desempeñar ese tipo de trabajo.**
j. que tenga pronto todo el material escolar.
k. para que pudieran prepararse con calma.

Aciertos: .... de 1

7 Otros conectores con presente de subjuntivo.
Escribe el verbo entre paréntesis en la forma más adecuada.

Ej.: *Hemos ido al gestor fiscal a que nos (informar, él)* **informe** *sobre nuestros derechos.*

1. Les mandaré un mensaje para que (enterarse, ellos) .... de la noticia.
2. Te voy a leer el reglamento a fin de que (saber) .... cómo comportarte.
3. Han recortado los presupuestos con vistas a que los gastos (reducirse) ....
4. Tráeme ese cuaderno, que te (poder, yo) .... apuntar el teléfono que quieres.
5. Está actuando así con vistas a que le (ascender, ellos) ....
6. Pásame ese diccionario, que (consultar, yo) .... un par de dudas.
7. Llamaremos a un abogado a fin de que nos (aconsejar) ....
8. Pruébate el vestido, que (ver, nosotros) .... cómo te queda.
9. Sube a que te (dar) .... mamá el dinero para la compra.
10. Le he dicho la verdad con el fin de que (tomar) .... conciencia del problema.

Aciertos: .... de 10

8 Ahora con imperfecto de subjuntivo.
Escribe el verbo entre paréntesis en la forma más adecuada.

Ej.: *Llevé los documentos para que los (firmar)* **firmara / firmase** *el responsable del proyecto.*

1. Descolgó el teléfono a fin de que no le (molestar) .... nadie.
2. Ayer fueron al departamento de inglés a fin de que les (explicar, ellos) .... el examen.
3. Le mandé un correo para que (saber, ella) .... dónde habíamos quedado.
4. El año pasado fui a una academia a fin de que me (preparar, ellos) .... para el concurso.
5. Cortaron los árboles que había delante de mi casa para que (tener, yo) .... más luz.
6. Hablé con mi profesor con el propósito de que me (aconsejar) .... en los estudios.
7. Bajó a por leche para que su madre (poder) .... preparar un flan.
8. Llegamos muy pronto al estadio a fin de que no nos (vender, ellos) .... las peores entradas.
9. Convocó a sus herederos con la intención de que (saber) .... que había cambiado el testamento.

Aciertos: .... de 9

2. PARA EXPRESAR LA FINALIDAD

Consolida

9 **Subraya la forma adecuada.**

Ej.: *Estoy aquí para que me ayudaras / **ayudes** a entender la lección de hoy.*

1. Se disfrazó para que nadie lo *reconocía / reconociera*.
2. Abre la puerta, que *salga / haya salido* el perro.
3. El jersey, lávalo a mano para que no se *estropee / estropeara*.
4. Le amenazaron con el objeto de que no *hable / hablara*.
5. Abrió el paquete para *ver / viera* qué había dentro.
6. Bajó al banco a que le *den / dieran* los documentos de la hipoteca.
7. A fin de que no los *vuelvan / volvieran* a castigar, los alumnos han cambiado completamente su actitud.
8. No estoy aquí para *pierda / perder* mi tiempo. Así que sé breve.
9. Salieron de allí con la idea de que los *recogiera / recoja* un taxi.

Aciertos: .... de 9

10 **Forma frases según el modelo, usando el conector propuesto entre paréntesis.**

Ej.: No les des más golosinas a los niños. Tienen que comer después su comida. (Que)

*No les des más golosinas a los niños, **que coman** después su comida.*

1. En la empresa van a realizar cambios. Quieren aumentar la productividad. (A fin de que)

....

2. Acércate un poco más. Quiero verte bien. (Que)

....

3. Fuimos a la oficina de empleo. Allí daban información sobre las convocatorias. (A que)

....

4. Colocaremos de nuevo las mesas. Los alumnos tienen que estar cómodos. (A fin de que)

....

5. Llamaré por teléfono. Así sabré a qué hora hay trenes para Madrid. (Para)

....

6. Abrieron la tienda antes. Querían colocar el escaparate. (Con la intención de)

....

Aciertos: .... de

11 **Responde libremente a las siguientes preguntas.**

Ej.: ¿Para qué usas Internet?
Para navegar por la red.

1. ¿Para qué usas el diccionario?
....

2. ¿Para qué estudias español?
....

3. ¿Para qué hay que ir al dentista con frecuencia?
....

4. ¿Para qué existen las universidades?
....

5. ¿Para qué es bueno que haya mucho verde?
....

6. ¿Para qué sirve un módem?
....

Aciertos: .... **de 6**

12 **Completa las siguientes frases.**

Ej.: *Estoy aquí para que **me expliques dónde estuviste ayer.***

1. Mandó a la niña al jardín para ....
2. He venido a tu casa a que ....
3. Han levantado esa tapia a fin de que ....
4. Me voy a comprar ese abrigo con vistas a ....
5. Sal un poco a la calle, que ....
6. Nos ha convocado en su despacho con el propósito de ....
7. Me asomé al balcón para que ....
8. El profesor nos dijo eso con la intención de que ....
9. Te he invitado a la fiesta para que ....
10. Han aplazado el examen con vistas a que ....
11. Hablaré con ellos para ....

Aciertos: .... **de 11**

3. PARA EXPRESAR LA CAUSA

Observa

[Laura no va al colegio porque tiene fiebre.]

FORMA

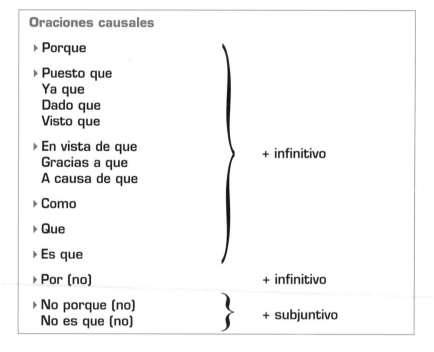

Oraciones causales

▸ Porque

▸ Puesto que
Ya que
Dado que
Visto que

▸ En vista de que   + infinitivo
Gracias a que
A causa de que

▸ Como

▸ Que

▸ Es que

▸ Por (no)   + infinitivo

▸ No porque (no)   + subjuntivo
No es que (no)

Regla

Con la mayoría de los nexos causales se utiliza un verbo en **indicativo**.

Con algunos se utiliza el **infinitivo** o el **subjuntivo**.

▶ *Porque* (+ indicativo) es el nexo causal más usado. Sirve para expresar la razón, la causa de algo. Generalmente, se usa detrás de la oración principal.

> *Me levanté muy pronto porque no podía dormir.*

▶ *Puesto que / ya que / dado que / visto que* (+ indicativo). Las oraciones introducidas por estos nexos pueden ir delante o detrás de la principal.

> *No te lo puedes comprar, puesto que cuesta mucho.*
> *Ya que has terminado de cenar, lleva tú los platos a la cocina.*

▶ *En vista de que / gracias a que / a causa de que* (+ indicativo), de registro más culto, usadas sin la forma *que* pueden ir seguidas de nombre. Su correspondiente en un registro estándar sería la forma *por* + nombre.

> *Solucionamos el problema gracias a su ayuda.*
> *No pudieron salir por el frío.*

▶ *Como* (+ indicativo). Las oraciones causales introducidas por este nexo van antepuestas a la principal.

> *Como no me pagan lo que me deben, no puedo comprarme nada.*

▶ *Que* (+ indicativo). Se usa en la expresión oral informal. Suele aparecer tras un imperativo, seguido de coma.

> *Acompáñame, que me da apuro hablar con ella. No vayas, que es peligroso.*

▶ *Es que* (+ indicativo) se usa antepuesto y es propio de las justificaciones en el registro oral informal.

> *+ ¿Por qué no has estudiado?   – Es que no he tenido tiempo.*

▶ *Por* + infinitivo.

> *Le suspendieron por no estudiar.*
> *Te duele el estómago por comer tanta fruta.*

▶ *No porque (no) / no es que (no)* + subjuntivo.

> *No voy a comer más, y no es que no esté bueno, es que no tengo hambre.*

– *Por qué... / cómo (es que)* + indicativo, en interrogaciones directas o indirectas, se utilizan para preguntar la causa. *Cómo (es que)* es más informal.

> *¿Por qué llevas tantos anillos?   No comprendo por qué no me llama.*
> *¿Cómo es que no me llamaste anoche?*

3. PARA EXPRESAR LA CAUSA

Ejercicios

1 **Causas.**
Relaciona.

Ej.: *Ayer por la tarde llamé a Jorge*

1. Como la pasta no estaba buena
2. No es que sea tonto,
3. Por favor, date prisa en preparararte,
4. En vista de que no nos atendía nadie,
5. Explícame qué le pasa a tu hermana,
6. El domingo, como me encontraba sola,
7. Te han concedido ese premio
8. Ya que hemos venido hasta aquí,
9. Hoy no salgas,
10. Te duele tanto la cabeza
11. Luis no triunfa, no porque sea mal actor,

a. por no usar las gafas para leer.
b. es que yo ya no la entiendo.
c. que hace un frío espantoso.
d. llamé a mis amigos para salir.
e. ***porque quería saber cómo estaba.***
f. sino porque tiene mala suerte.
g. o mejor es que aprovechemos el tiempo.
h. nos marchamos de la tienda.
i. comimos ensalada y queso.
j. es que está siempre distraído.
k. por ser tan inteligente.
l. que vamos a llegar tarde a la cita.

Aciertos: .... de 1'

2 **Los nexos causales.**
Observa las siguientes frases y subraya la forma adecuada.

Ej.: *Ayer fuimos a la playa como / **porque** hacía mucho calor.*

1. Vamos, niños, levantaos, *dado que / que* ya es muy tarde.
2. Hoy no salgo, *no puesto que / no porque* no tenga ganas, sino porque tengo que estudiar.
3. Hoy mi madre se ha quedado en la cama, *que / dado que* le duele la cabeza.
4. *Como / Por* el tema es tan delicado, lo mejor es que no hablemos de ese asunto.
5. Cierra la ventana, *es que / que* entra mucho aire.
6. *Como / Por* anoche no llegabas, me puse a cenar yo solo.
7. No *por / que* mucho madrugar amanece más temprano.
8. El otro día Luis no vino con nosotros al cine *como / porque* nadie le dijo qué íbamos a ver.
9. *Puesto que / Es que* tu ordenador no va bien, usa el mío.
10. *Como / Porque* allí estaba de más, decidí irme a casa.
11. Sara me cae muy mal y no *ya que / es que* sea antipática o pesada, sino que me parece falsa.

Aciertos: .... de 1

3 **Tiempos verbales en las oraciones causales.**
Escribe el verbo entre paréntesis en la forma adecuada.

Ej.: *Como no (haber)* **hay** *huevos, no podemos prepararnos una tortilla para cenar.*

1. Te han castigado por (ser, tú) .... tan desobediente y maleducado.
2. No fui a su fiesta de cumpleaños porque no me (invitar, él) ....
3. Subid el volumen de la televisión, que no (oír, yo) .... nada.
4. Ya que (estar, nosotros) .... aquí, lo mejor es que entremos a ver la exposición.
5. Acabé el informe gracias a que mis compañeros me (echar) .... una mano.
6. Date prisa en sentarte a la mesa, que se te (enfriar) .... la comida.
7. Seguro que Maite no nos ha llamado a la hora de comer por no (molestar) ....
8. ¡Préstame cien euros! Es que no me (funcionar) .... la tarjeta de crédito.
9. Se enfadó, no porque nos (estar, nosotros) .... riendo, sino porque no le (hacer) .... caso.

Aciertos: .... **de 10**

4 **Un paso más.**
Escribe el verbo entre paréntesis en la forma adecuada.

Ej.: *Por favor, abre el horno, que (ir, yo)* **voy** *a meter la carne.*

1. Andrés, ya que (estar, tú) .... en el balcón, riega los tiestos, que (hacer) .... una semana que no les echamos agua.
2. ¡Qué listo es! Y no es que lo (decir) .... solo yo, es que lo (decir) .... todos.
3. Ayer, como no (saber, yo) .... dónde vive Daniel, le envié el paquete a la oficina.
4. Eso te ha pasado por no (mirar, tú) .... dónde ponías los pies.
5. Ayúdame, que yo solo no (saber) .... resolver estos problemas de Matemáticas.
6. Como todavía (tener, nosotros) .... tiempo, entra en esa tienda y compra algo de beber.
7. Carlos no fue a la reunión del martes porque (olvidarse) .... o porque nadie (decírselo) ....
8. No pudieron aprobar la ley, puesto que no (haber) .... acuerdo entre las partes.
9. Apártate un poquito, es que no me (dejar, tú) .... ver bien la pantalla.

Aciertos: .... **de 12**

3. PARA EXPRESAR LA CAUSA

Ejercicios

---

5 *Como* y *porque.*
Transforma las siguientes frases según los modelos propuestos.

Ej.: Hoy no salgo porque tengo frío. *Como tengo frío, hoy no salgo.*
   Como no tenía hambre, no comí. No comí porque no tenía hambre.

1. Este año Tomás no va de vacaciones porque no tiene dinero.
   ....

2. Como no me fiaba de él, no le dije qué pensaba.
   ....

3. Tienes mala cara porque duermes pocas horas.
   ....

4. Como no me echaste una mano, hice mal el ejercicio.
   ....

5. Me avisaron porque faltaban varios documentos en mi solicitud.
   ....

6. Como hoy no he comido, ahora tengo un hambre tremenda.
   ....

Aciertos: .... **de 6**

---

6 *Cómo es que* y *es que.*
Forma frases según el modelo.

Ej.: Tomas el avión de las siete. (Ser el más cómodo).
   ¿Cómo es que tomas el avión de las siete? Es que es el más cómodo.

1. Estás triste. (Nadie hacerme caso).
   ....

2. Has vendido tu bicicleta. (Comprarme otra).
   ....

3. No has hecho los ejercicios. (No entenderlos).
   ....

4. Estás todavía en la cama. (Estar muy cansado).
   ....

5. Los niños no quieren merendar. (Comer un helado en el parque).
   ....

6. No has salido con tus amigos. (No tener ganas de ver a nadie).
   ....

Aciertos: .... **de 6**

7

No es que y es que.
Transforma según el modelo.

Ej.: –Este libro es un poco aburrido, ¿no?
   –No es que sea aburrido, es que es insoportable. (Ser insoportable).

1. –Es una chica muy estudiosa, ¿no? (Ser muy lista).
   ....

2. –Tiene un trabajo muy pesado, ¿verdad? (Ser de mucha responsabilidad).
   ....

3. –Es un libro muy difícil de leer, ¿no crees? (Ser muy largo).
   ....

4. –Esta carretera está llena de baches, ¿no? (La bici no ser muy buena).
   ....

5. –Tu pueblo está muy lejos, ¿no? (Tener malas comunicaciones).
   ....

6. –Tu perro es un poco agresivo, ¿no? (No conocerte).
   ....

7. –Lola tiene mucho que hacer, ¿no te parece? (Querer acabar pronto).
   ....

Aciertos: .... **de 7**

8

Por qué, porque y porqué(s).
Subraya la forma que consideras adecuada en cada frase.

Ej.: *Quiero que me digas porqué / **por qué** no viniste a mi fiesta.*

1. Han cerrado la tienda *porqué / porque* las ventas iban muy mal.
2. ¿*Porqué / Por qué* no has comprado los libros que te indiqué?
3. Espero que me expliques el *porqué / por qué* de tu negativa.
4. Pedro no les confesó a sus padres *por qué / porqué* había dejado los estudios.
5. Ven a ayudarme, *porque / por que* yo solo no puedo con todos los paquetes.
6. Si tú sabías que Juan se casaba, ¿*por qué / porqué* no me lo has dicho?
7. Se asomó al balcón *por que / porque* había oído un ruido extraño.
8. No se hablan *por que / porque* hace dos días se pelearon.
9. Si contestara a todos sus *por qué / porqués*, no haría otra cosa en todo el día.
10. Ahora comprendemos *por qué / porqué* los Marcos han dejado de escribirnos.
11. He llegado donde estoy *porque / por qué* he trabajado mucho en mi vida.

Aciertos: .... **de 11**

3. PARA EXPRESAR LA CAUSA

Consolida

9 **Completa las frases con el nexo causal más adecuado.**

a. porque	b. **como**	c. que	d. porque	e. como	f. por
g. como	h. por	i. no es que	j. que	k. es que	

Ej.: **Como** el comité no ha aprobado los planos, el arquitecto ha retirado el proyecto.

1. No me han admitido al curso .... haber mandado la solicitud con retraso.
2. Pedro, baja inmediatamente el volumen de la radio, ... no estamos sordos.
3. .... no tiene costumbre de consultar su *e-mail*, le han cancelado la cuenta.
4. .... no tenga ganas de ver a Juan, ... tengo mucho que estudiar y no puedo salir con él.
5. Te duele el estómago .... comer tantas golosinas.
6. Estoy preparando unas tostadas para los niños .... tienen hambre.
7. Ayúdame, ... yo solo no puedo con todas las bolsas del supermercado.
8. Estoy aquí .... quiero que aclaremos las cosas entre nosotros.
9. .... la película les parecía muy aburrida, se marcharon del cine.

Aciertos: .... de 1C

10 **Completa cada frase con un verbo del recuadro en el tiempo más adecuado.**

a. llegar	b. responder	c. **ser**	d. empezar	e. saber
f. encantar	g. quemarse	h. ser	i. salir	j. haber

Ej.: *Como **es** tan maleducado, nadie quiere salir con él.*

1. Quita la sartén del fuego, que .... las patatas.
2. Como no .... a mi propuesta, considero que no le interesa.
3. Le han concedido una beca por .... tan brillante.
4. Ayer no pude ir a buscarte porque .... tarde del trabajo.
5. Sira, sube deprisa, que .... los dibujos animados.
6. Va a estudiar Magisterio porque le .... los niños.
7. Como .... y no vio a nadie, se marchó enseguida.
8. Estoy molesto por no .... responderle adecuadamente.
9. Como en el mercado no .... pescado fresco, compré solo carne y fruta.

Aciertos: .... de S

11 **Responde libremente a las siguientes preguntas. Da, al menos, una respuesta.**

Ej.: ¿Por qué estudias español?
Porque quiero comunicarme con mucha gente.
Porque me parece una lengua bonita e interesante.

1. ¿Por qué los niños tienen que ir a la escuela?
   ....
   ....

2. ¿Por qué en algunos países se duerme la siesta?
   ....
   ....

3. ¿Por qué se dice que no es bueno fumar tabaco?
   ....
   ....

4. ¿Por qué los niños lloran al nacer?
   ....
   ....

5. ¿Por qué tienen tanto éxito algunos productos?
   ....
   ....

6. ¿Por qué no se puede beber el agua del mar?
   ....
   ....

7. ¿Por qué a mucha gente le da miedo la oscuridad?
   ....
   ....

8. ¿Por qué no podemos pasar mucho tiempo sin ingerir líquidos?
   ....
   ....

9. ¿Por qué estás haciendo estos ejercicios?
   ....
   ....

Aciertos: .... de 9

Observa

> Si tuviera más tiempo, volvería a estudiar.

FORMA

Oraciones condicionales I

▸ Condiciones probables

Si + presente de indicativo, + { presente
futuro
imperativo

▸ Condiciones improbables o imposibles

Si + imperfecto de subjuntivo, + **condicional simple**

▸ Condiciones irreales en el pasado

Si + pluscuamperfecto de subjuntivo, + { condicional compuesto
pluscuamperfecto de subjuntivo

Regla

Se utiliza *si* + indicativo o *si* + subjuntivo dependiendo del grado de probabilidad de realización de la acción.

Usos

▶ Las oraciones condicionales de primer tipo introducidas por *si* llevan **indicativo** y expresan una acción de cumplimiento posible o probable.

> *Si quieres, te ayudo a hacer los deberes.*
> *Si llego pronto a casa, te llamaré.*
> *Si ves a Julio, dile que quiero verlo.*

Nota: obviamente, se trata de un esquema simplificado, pues, según qué contexto, serían posibles frases con *si* + cualquier tiempo pasado del indicativo.

> *Si has hecho bien el examen, seguro que has aprobado.*

▶ Si se trata de una acción de cumplimiento poco probable o imposible, las oraciones condicionales llevan **imperfecto de subjuntivo**.

> *Si encontrara un buen piso barato, lo alquilaría enseguida (poco probable).*
> *Si tuviera 100000 euros, me compraría ese coche (imposible).*

▶ Las oraciones condicionales de tercer tipo llevan **pluscuamperfecto de subjuntivo** y expresan una condición irreal en el pasado.

> *Si hubiera sabido que era tu cumpleaños, te habría traído un regalo.*
> *Si no hubiera visto a Luis, lo habría llamado por teléfono.*

– **A veces, se rompe la línea temporal y nos encontramos con frases «mixtas», en las que, por ejemplo:**

– Se expresa una condición que no se cumplió en el pasado y que repercute en el presente o en el futuro.

> *Si me hubiera acostado pronto, ahora no tendría tanto sueño.*

– Se expresa una condición todavía actual que ha afectado al pasado.

> *Si no fuera tan tímida, ayer habría podido intervenir en la conferencia.*

– **En la oración principal, el uso del pretérito imperfecto de indicativo en vez del condicional simple, y del pluscuamperfecto de indicativo en vez del condicional compuesto supone un acercamiento al uso real de la lengua hablada y expresa una mayor implicación en lo que se está comunicando. Tal uso, por lo tanto, no ha de considerarse incorrecto.**

> *Si no fueras tan poco cuidadoso, te compraba (compraría) esos soldaditos.*
> *Si hubiera estado yo allí, no había pasado (habría / hubiera pasado) eso.*

Ejercicios

1 *Si* **con presente de indicativo.**
Relaciona.

Ej.: *Si mañana llueve,*

1. Si me llama Rosario,
2. Si el tren sale con retraso,
3. Si dejas aquí el coche,
4. Si los niños tienen hambre,
5. Si viene tu madre a cenar,
6. Si este invierno hace mucho frío,
7. Si en la reunión ves a alguien conocido,
8. Si tenéis problemas,
9. Si el profesor pone un examen fácil,
10. Si no te comes todo el primer plato,
11. Si tienes fiebre,

a. dales de merendar pan y chocolate.
b. llegaremos muy tarde a Madrid.
c. tienes que preparar su plato preferido.
d. yo os puedo ayudar en cualquier momento.
e. aprobaremos sin problemas.
f. **no podremos ir de excursión.**
g. te voy a castigar sin salir.
h. toma un antipirético y acuéstate.
i. dile que estoy muy ocupado.
j. nos compraremos un edredón de plumas.
k. te pondrán una multa.
l. dale recuerdos de mi parte.

Aciertos: .... de 1

2 **Condiciones posibles o probables.**
Observa las siguientes frases y subraya la forma adecuada.

Ej.: *Si te* **portas** */ portarás bien, te presto mi bicicleta.*

1. Si *vais / iréis* esta noche al cine, avísame.
2. El verano próximo volveré a Barcelona si lo *aprobaré / apruebo* todo.
3. Os dejo ir al parque de atracciones si mañana os *levantáis / levantaréis* pronto.
4. Si no me *llama / llamará* antes de las seis, me enfado con él.
5. Si *tenéis / tendréis* hambre, tomad lo que queráis del frigorífico.
6. Yo cocino esta noche si tú *vas / irás* a la compra.
7. Si pasas por el estanco, *compra / compres* un par de sellos.
8. Si no *dejen / dejan* de hacer ruido, llamaré a la policía.
9. Si *estás / estarás* muy cansado, no salimos.
10. Si no *consigues / conseguirás* dormirte, prepárate una tila.
11. Si ves a tu prima, *dile / le digas* que quiero hablar con ella.

Aciertos: .... de

3 **Condicionales con presente.**
Completa las frases con un verbo del recuadro en la forma adecuada.

a. querer	b. llorar	c. hacer	d. *enviar*	e. lograr	f. apetecer
g. tratar	h. ir	i. llamar	j. sentir	k. encontrar	l. hablar

Ej.: *¿Irás a su fiesta si no te envían una invitación?*

1. Si .... frío, encended la calefacción.
2. Si .... tomar algo, no tenéis más que decírmelo.
3. Si el niño....................., dale el biberón que te he dejado preparado en la nevera.
4. Me pongo nervioso si .... con gente que sabe más que yo.
5. Te devolveré el libro que me prestaste, si .... terminarlo.
6. Si te ...., podemos salir juntos el domingo.
7. Si mañana .... sol, daré un paseo por el parque.
8. Si .... a la Facultad, pídele a alguien los apuntes de ayer.
9. Si me necesitas, ... al celular.
10. Yo soy un buen trabajador, pero solo si la empresa me .... bien.
11. Si lo .... en buenas condiciones, te regalo mi disfraz de bruja para la fiesta de Carnaval.

Aciertos: .... de 11

4 **Imagina que hablas con un hermano tuyo de siete años.**
Prométele cosas.

Ej.: Comerse toda la cena / Poder ver media hora la tele.
Si te comes toda la cena, podrás ver media hora la tele.

1. Acostarse pronto / Leerle un cuento.
2. Hacer los deberes / Invitarle a comer una hamburguesa.
3. Dejar de gritar / Darle una propina.
4. Portarse bien / Llevarle al cine.
5. Lavarse las manos / Comprarle un pastel.
6. No ensuciarse / Llevarle contigo de paseo.
7. No comer con la boca abierta / Regalarle mi postre.
8. No tocar mis cosas / Prestarle mi lector de CD.
9. No molestar, ni gritar / Mañana comprarle un regalo.
10. Bajar el volumen de la televisión / Jugar con él a la pelota.

Aciertos: .... de 10

Ejercicios

5 **Si con imperfecto de subjuntivo.**
Relaciona.

Ej.: *Si tuviera más dinero,*

1. Si comieras un poco mejor,
2. Si hicieras un poco más de ejercicio,
3. Si mañana no lloviera,
4. Si mi hermana viviera en mi ciudad,
5. Si ganáramos un poco más,
6. Si no vieras tantas películas de terror,
7. Si no pensarais tanto en vuestros problemas,
8. Si me quisieras de verdad,
9. Si el director me diera unos días libres,
10. Si Alba no fuera una buena amiga mía,

a. llevaría a los niños a jugar al parque.
b. tendrías menos pesadillas.
c. estarías en mejor forma.
d. saldría con ella todos los días.
e. no te portarías mal conmigo.
f. me iría a la playa.
g. **me compraría ese abrigo tan caro.**
h. no te dolería tanto el estómago.
i. no se preocuparía tanto por mis problemas.
j. podríamos comprarnos una casa.
k. viviríais más felices.

Aciertos: .... de 1

6 **Imperfecto de subjuntivo y condicional.**
Completa las frases con un verbo del recuadro en la forma más adecuada.

| a. limpiar | b. ser | c. salir | d. **poder** | e. querer | f. escribir |
| g. poner | h. irse | i. tener | j. pedir | k. hacer | l. hablar |

Ej.: *Si trabajaras menos, **podrías** viajar más.*

1. Si practicara un poco más, ... mejor español.
2. Si .... más a menudo tu cuarto, estaría más ordenado.
3. Si ...., Alberto podría trabajar en la empresa de su padre.
4. ¿..................... con Manuel si te invitara a cenar?
5. Si te tocara la lotería, ¿qué .... lo primero que te comprarías?
6. Llamaría más a Julita, si no me .... siempre horas al teléfono.
7. Si Álvaro me ...., me daría una gran alegría.
8. ¿No crees que estaría ridículo si me .... ese traje para la boda?
9. Si el próximo fin de semana .... bueno, podríamos salir de excursión.
10. ¿Me acompañarías a la reunión del martes si te lo .... con tiempo?
11. Si no estuviera obligado a quedarme aquí, ... inmediatamente a mi casa.

Aciertos: .... de '

7 **Un paso más.**
Escribe el verbo entre paréntesis en la forma más adecuada.

Ej.: *Si me (decir)* **dijeran** *la verdad, yo los perdonaría.*

1. Tendríamos nuestra propia empresa, si en el banco (querer) .... ayudarnos.
2. Todo (ir) .... mucho mejor, si la reforma fiscal no se llevara a cabo.
3. La vida sería una maravilla si no (haber) .... violencia.
4. Si me dierais mis discos, yo os (prestar) .... otros.
5. Si me (nombrar) .... jefe de sección, cambiaría muchas cosas.
6. Si no (traer, tú) .... tantos amigos a casa, viviríamos más tranquilos.
7. Seríais más felices si me (hacer) .... más caso cuando os doy consejos.
8. Si Alberto estuviera aquí, (poder) .... explicártelo todo en persona.
9. Si (estar) .... aquí el director, os portaríais de otra manera.
10. Me llamaría, si (surgir) .... problemas con el proyecto.
11. Si (ser, yo) .... un animal, me gustaría ser un caballo y si (ser) .... un color, (ser) .... el azul

Aciertos: .... **de 13**

8 ***Si* con pluscuamperfecto de subjuntivo.**
Relaciona.

Ej.: *Si ayer hubiera tenido tiempo,*

1. Si me quisieras un poco más,
2. Si hubieras venido a nuestra fiesta,
3. Si no hubiera hecho tanto frío,
4. Si hubieras venido un poco antes,
5. Si hubiéramos hecho mejor el examen,
6. Si hubiera nacido en Norteamérica,
7. Si no se hubiera casado con Mari Puri,
8. Si hubiera seguido los consejos de mi padre,
9. Si hubiera nacido en el siglo XII,
10. Si Alba fuera una buena amiga mía,
11. Si hubierais sido más inteligentes,

a. habrías podido hablar con Margarita.
b. ahora la nieve no estaría congelada.
c. sabría hablar inglés perfectamente.
d. te habrías divertido mucho con nosotros.
e. mi empresa no habría quebrado.
f. **habría ido a visitarte.**
g. habría sido un valiente guerrero.
h. no me habría dicho lo que me dijo ayer.
i. no te habrías olvidado de mi cumpleaños.
j. no os habrían engañado.
k. ahora no tendríamos ninguna insuficiencia.
l. mi hermano habría sido mucho más feliz.

Aciertos: .... **de 11**

4. PARA EXPRESAR LAS CONDICIONES (I)

Ejercicios 📋

9 *Si* **con pluscuamperfecto de subjuntivo y condicional.**
Completa las frases con un verbo del recuadro en la forma más adecuada.

a. sentirse	b. ver	c. salir	d. *dormir*	e. estar	f. invitar
g. secarse	h. llegar	i. ponerse	j. decir	k. hacer	l. tocar

Ej.: *Si **hubiera / hubiese dormido** mejor la noche pasada, no me dolería tanto la cabeza.*

1. Si .... los deberes de ayer, habrías sabido contestar al profesor.
2. Si hubieras sido más amable con ellos, nos................... a la fiesta de ayer.
3. Si .... la última película de Suárez, seguro que os habría gustado. Es genial.
4. ¿Qué hubieras hecho si te .... la lotería de Navidad?
5. Si las hubieras cuidado bien, mis plantas no ....
6. Habría venido más abrigado, si ellos me .... que aquí hacía tanto frío.
7. Si hubieras ido al médico, ahora no .... tan mal.
8. ¿No crees que hubiera estado ridículo si yo .... esta corbata?
9. Si me hubiera preparado mejor, ahora no .... tan apurado.
10. Si ayer no .... por la noche, hoy no estaría tan resfriado.
11. Si los jefes del gobierno .... a un acuerdo, la reunión habría durado menos.

Aciertos: .... de 1

10 **¿Qué hubiera pasado si...?**
Forma frases siguiendo el modelo.

Ej.: Luis, el mes pasado, no pagó el recibo del teléfono. Se lo han cortado.
Si Luis hubiera / hubiese pagado el recibo del teléfono el mes pasado, no se lo habrían / hubieran / hubiesen cortado.

1. Carmen no fue al dentista el mes pasado. Ahora tiene un flemón y le duele.
....

2. No fuimos a la reunión de vecinos. No pudimos votar contra el administrador.
....

3. Se ha levantado muy tarde. No ha llegado a clase.
....

4. No fuimos a ver el espectáculo. Nos perdimos una obra maestra.
....

5. Hizo la compra en el centro. Se gastó muchísimo dinero.
....

Aciertos: .... de

Consolida

Completa con la forma adecuada.

Ej.: –Si (venir) **viene** Luis, dile que me llame sin falta.
　　–No te preocupes, si lo (ver) **veo**, se lo diré.

1. –Si un desconocido te regalara flores por la calle, ¿qué (hacer) ....?
   –Yo, sinceramente, las (aceptar) .... y le (dar) ....
   .... las gracias.

2. –Si mañana (hacer) .... buen tiempo, ¿vamos a la playa?
   –La verdad es que si no lloviera, (ser) .... una buena manera de
   pasar el día.

3. –¿Qué le pedirías a un genio si te (conceder) .... tres deseos?
   –Si le (poder) .... pedir tres deseos, le (pedir) ....
   salud, dinero y, por supuesto, amor.

4. –Si el otro día (ser, él) .... sincero conmigo, no nos habríamos
   peleado inútilmente.
   –Ya, pero si en aquel momento te hubiera dicho la verdad, (ser) ....
   .... mucho peor.

5. –¿Qué harías si te (encontrar) .... por la calle con un personaje famoso?
   –¡Qué tontería! Yo no (hacer) .... absolutamente nada.

6. –Si, de verdad, necesitas una moto nueva, (comprársela) ....
   –¡Qué fácil! Si me (dar) .... tú el dinero, lo hago inmediatamente.

7. –¡Qué dolor de cabeza! Si lo sé, no (levantarse) .... hoy.
   –Si anoche no (salir) .... con tus amigos, no (volver) ....
   tan tarde y ahora no (tener) .... tanto sueño.

8. –Si te (molestar) .... el aire acondicionado, dímelo.
   –¡No te preocupes! Si me molestara, te lo (decir) .... inmediatamente.

9. –Si me hubieras avisado, no me (perder) .... el concierto de
   ayer.
   –Perdona, pero yo no sabía si te (gustar) .... ese grupo.

10. –Si hablo con el jefe, se enfadará, pero si no (hablar) ....
    será peor.
    –Si yo estuviera en tu lugar, no (dudar) .... en contarle todo lo
    que ha pasado.

11. –Si de pequeño (hacer) .... más deporte, no tendrías pro-
    blemas con la espalda.
    –No es verdad, si lo (hacer) ...., (estar) .... más
    ágil, pero nada más.

Aciertos: .... de 27

4. PARA EXPRESAR LAS CONDICIONES (I)

Consolida

12 ¿Qué harías si te suceden estas cosas? Escribe las frases.

Ej.: Tocarte la lotería.
   Si me toca la lotería, me compro una moto de agua.

1. Dejar de llamarte tu mejor amigo.
   ....

2. Tener ganas de salir el domingo.
   ....

3. Entrarte hambre en la próxima media hora.
   ....

4. Sentir repentinamente mucho sueño.
   ....

5. Dejar de escribir el bolígrafo.
   ....

6. Recibir una carta de amor.
   ....

7. Perder tu teléfono móvil.
   ....

8. No tener dinero para irte de vacaciones.
   ....

9. Encontrarte mal dentro de un rato.
   ....

Aciertos: .... de 9

13 La rueda. Haz hipótesis sobre tu propia vida o la vida de un personaje.

Si hubiera nacido en Salamanca, sería española. Si fuera española, no estaría aquí haciendo ejercicios. Si no estuviera aquí haciendo ejercicios, estaría trabajando. Si estuviera trabajando, ya habría ahorrado un dinerito. Si ya hubiera ahorrado...

....
....
....
....
....
....
....
....

14 **¿Qué harías en las siguientes situaciones?**

Ej.: Tener que aprender un idioma rápidamente.
   Si tuviera que aprender un idioma rápidamente, intentaría ir al país donde se habla.

1. Perder tus únicas llaves de casa.
   ....
2. Hablar perfectamente español.
   ....
3. Darte cuenta de que llevas el pantalón roto.
   ....
4. Salirte manchas azules en la cara.
   ....
5. Ver a tu profesor en bañador por la calle.
   ....
6. Encontrar mucho dinero en un maletín.
   ....
7. Quedarme atrapado en un ascensor.
   ....

Aciertos: .... **de 7**

15 **¿En qué condiciones harías las siguientes cosas?**

Ej.: Aprender un idioma rápidamente.
   Aprendería un idioma rápidamente, si gracias a eso obtuviera un buen trabajo.

1. Hacer un viaje por todo el mundo.
   ....
2. Someterse a un férreo régimen.
   ....
3. Invitar a cenar a todos tus amigos.
   ....
4. Cambiar de casa.
   ....
5. Enfadarse muchísimo con alguien.
   ....
6. Hacer un regalo muy caro.
   ....
7. Sentirse la persona más feliz del mundo.
   ....

Aciertos: .... **de 7**

Observa

[Como hagas ruido, me enfado.]

FORMA

Oraciones condicionales II

▸ Por si (acaso)
  Salvo si / excepto si / solo si / más que si ⎫ + indicativo / subjuntivo

▸ Como si
  Como
  A condición de que
  Siempre que / siempre y cuando / con tal de que
  Salvo que / excepto que / a menos que / a no ser que ⎫ + subjuntivo
  Mientras
  En caso de que
  Con que
  No sea / fuera que
  Ni que

▸ Gerundio

▸ De + infinitivo

Regla

La mayoría de los nexos condicionales enumerados se construyen con **subjuntivo**. Con algunos se utiliza el **indicativo** o el **subjuntivo** dependiendo del grado de probabilidad de realización de la acción.

▶ *Por si (acaso)* / *salvo si* / *excepto si* / *solo si* / *más que si* van seguidos de indicativo / subjuntivo en las mismas condiciones que *si*.

Ponte las botas de agua por si hay mucho barro.
He hecho un duplicado de las llaves por si se perdieran.
Le pregunté a María por si sabía algo de lo ocurrido.
Pueden irse a casa salvo si les queda algún asunto por terminar.
Salía todas las tardes a pasear excepto si había nieve.
Te compro unos caramelos solo si has terminado todos los ejercicios.
No abría la boca más que si le daba de comer su madre.

– Más propias de la expresión oral no formal son las siguientes formas:
  No sea que + presente / pretérito perfecto de subjuntivo.
  No fuera que + imperfecto / pluscuamperfecto de subjuntivo.

Habla con Luis antes de pagar el viaje, no sea que no quiera ir. (Por si no quiere ir)
No hagáis ruido, no sea que los niños ya se hayan dormido. (Por si ya se han dormido)
No le dije nada, no fuera que lo supiera todo. (Por si ya lo sabía todo)
No le llamé, no fuera que ya se hubiera marchado. (Por si ya se había marchado)

▶ *Como si* + imperfecto de subjuntivo / pluscuamperfecto de subjuntivo.

Tú, actúa como si no hubiera pasado nada.
Si te pregunta, haz como si no supieras nada.
(Con el mismo valor, podemos encontrar también: lo mismo que si / igual que si)

– En un nivel de expresión oral no formal podemos encontrar *ni que* + subjuntivo. Este nexo aparece generalmente en frases exclamativas para ponderar o rechazar lo dicho.

¡Qué bien finge! Ni que fuera un actor. (Finge como si fuera un actor)
Esa camisa te queda fenomenal. Ni que te la hubieran hecho a la medida.

– *Como* (+ subjuntivo). Se utiliza para expresar amenaza o advertencia.

Como vuelvas tarde, no entras en casa. (= Si vuelves tarde...)
Como os pongan una mala nota, papá os reñirá. (= Si os ponen...)

Usos

– **A condición de que / siempre que / siempre y cuando / con tal de que** + subjuntivo. Estos nexos expresan la idea de condición indispensable para la realización de la acción.

Te presto mi casa a condición de que no la dejes sucia.
Iré al teatro siempre que encuentre entradas.
Podéis salir siempre y cuando estéis de vuelta antes de cenar.
Podéis hacer lo que queráis, con tal de que me dejéis en paz.

– **Salvo que / excepto que / a menos que / a no ser que** + subjuntivo. Se utilizan para indicar una restricción de lo expresado antes en el enunciado.

Saldré a dar un paseo salvo que haga mucho frío. (Si hace mucho frío, no salgo)
Iremos a ese curso a no ser que la inscripción cueste mucho. (Si cuesta mucho, no vamos)

– **Mientras** + subjuntivo. Se utiliza para expresar una condición que dura en el tiempo.

Mientras yo esté aquí, no tienes nada que temer.
Mientras sigas en esta casa, tienes que respetar sus normas.

– **En caso de que** + subjuntivo.

En caso de que me llamen, di que no estoy. (Si me llaman...)
En caso de que el niño tenga fiebre, dale un antipirético. (Si tiene fiebre...)

– **Con que** + subjuntivo.

Con que le des 100 euros, será suficiente.
Con que estudiemos un poco, pasaremos la prueba.

▶ **Gerundio**

Comiendo tan mal como lo hacen, van a tener problemas de estómago. (Si comen...)
Ahorra bastante dinero comprando en el mercado. (Si compra...)

▶ **De + infinitivo**

De llegar tarde, te avisamos. (= Si llegamos tarde, te avisamos)
De tener problemas, me llamarían. (= Si tuvieran problemas, me llamarían)
De haberlo sabido, no habría venido. (= Si lo hubiera sabido, no habría venido)
De haber aprobado, lo sabría ya. (= Si hubiera aprobado, lo sabría ya)

Ejercicios

1 **Las oraciones condicionales.**
Relaciona.

Ej.: *En caso de que no puedas acompañarme,*

1. Te invito a la fiesta a condición de que
2. Te presto mi moto siempre y cuando
3. Nos vemos mañana a las seis a menos que
4. Continuaré trabajando allí mientras
5. Os doy lo que me pedís con tal de que
6. Haz una fotocopia del documento por si
7. Como no me ayude a preparar el examen,
8. Mañana saldré con los niños salvo que
9. Siempre está metido en casa, ni que
10. El vecino se comporta conmigo como si

a. surja algún imprevisto.
b. me paguen con regularidad.
c. te la piden para archivarla.
d. no me molestéis más.
e. estoy seguro de que no lo aprobaré.
f. traigas a dos o tres amigos.
g. *avísame lo antes posible.*
h. fuera un ermitaño.
i. no me conociera de nada.
j. Luisito siga con décimas de fiebre.
k. la trates con mucho cuidado.

Aciertos: .... de 10

2 **Las oraciones condicionales con indicativo o subjuntivo.**
Completa las siguientes frases con un verbo del recuadro.

a. matricules	b. dejéis	c. portas	d. estéis	e. limpies
f. diga	g. quería	h. encontremos	i. *volváis*	j. venga

Ej.: *Podéis ir al concierto esta noche a condición de que después **volváis** en taxi.*

1. Como no .... tu habitación, mañana te quedarás sin salir.
2. Con que te .... en un curso de dos meses, será suficiente.
3. La llamé por si .... venir de excursión con nosotros.
4. Te dejaré jugar en mi ordenador solo si te .... bien con tus hermanos.
5. Mañana salgo con vosotros, salvo que mi padre me .... que me quede en casa.
6. Podéis hacer la fiesta siempre que, después, ... la casa limpia.
7. Iremos de vacaciones a Cancún a menos que .... algo más barato.
8. En caso de que .... María, decidle que la he estado buscando.
9. Firmamos el acuerdo, siempre y cuando .... dispuestos a cumplirlo de verdad.

Aciertos: .... de 9

5. PARA EXPRESAR LAS CONDICIONES (II)

Ejercicios

3 Elegir tiempo y modo.
Observa las siguientes frases y subraya la forma adecuada.

Ej.: *Habla inglés como si **fuera** / hubiera sido nativo.*

1. En caso de que *terminemos* / *terminamos* pronto de trabajar, iremos al cine.
2. Esa plaza es para Pepe, excepto que se *presenta* / *presente* alguien mejor.
3. Os he preparado unos bocadillos por si os *entra* / *entre* hambre en el camino.
4. Puedo salir hasta tarde con tal de que, después, alguien me *acompañe* / *acompañara*.
5. Como no *hicieras* / *hagas* bien estos ejercicios, te pondré una mala nota.
6. Mañana iremos a la sierra salvo que *hará* / *haga* demasiado frío.
7. Te dejo estudiar en mi habitación siempre y cuando no *tocaras* / *toques* mis cosas.
8. He decidido comprarme esa chaqueta a no ser que hoy *veo* / *vea* otra más bonita.
9. Seguiré en esta empresa a condición de que me *suban* / *subirán* el sueldo.
10. El año próximo estudiaré en España a menos que no me *conceden* / *concedan* la beca.

Aciertos: .... de

4 Un paso más.
Escribe el verbo entre paréntesis en la forma más adecuada.

Ej.: *Como no me (decir) **digas** qué quieres de regalo, me parece que no te compro nada.*

1. Va a matricularse en ofimática a menos que (cambiar) .... de idea otra vez.
2. Como no (tomarse) .... todas las medicinas, no te vas a curar nunca.
3. En caso de que no os (gustar) .... lo que os he comprado, podéis cambiarlo.
4. Puede intervenir en el debate siempre y cuando (decir) .... cosas constructivas.
5. Como me (tocar) .... el primer premio, desaparezco y no me volvéis a ver.
6. Voy a comprar unas aspirinas por si me (volver) .... el dolor de cabeza.
7. Me parece estupendo que nos hagan promesas, con tal de que las (cumplir) ....
8. Invita a Luis a la fiesta, pero a condición de que (encargarse) .... de la música.
9. Te pagaremos los estudios siempre que (cumplir) .... con tus deberes.

Aciertos: .... de

5 *Como.*
Transforma según el modelo.

Ej.: Si hoy no te lo comes todo, esta tarde no vas al cine.
Como no te lo comas todo, esta tarde no vas al cine.

1. Si hoy no vuelves pronto a casa, mañana no sales.
   ....

2. Si se pone a llover, me voy a empapar.
   ....

3. Si no vienes a visitarme, olvídate de mí.
   ....

4. Si no nos damos prisa, llegaremos tarde al concierto.
   ....

5. Si no cuidas mis libros, no te volveré a prestar ninguno.
   ....

6. Si hoy me hace daño, no vuelvo a ir a ese dentista.
   ....

7. Si sales con esa pandilla, poco bueno vas a aprender.
   ....

Aciertos: .... de 7

6 *Ni que.*
Completa las oraciones con una frase del recuadro como en el ejemplo.

> a. nacer en España   b. estar sordo   c. *trabajar mucho*
> d. hacerles algo   e. ser alguien importante
> f. pasar allí toda la vida   g. no dormir en toda la noche
> h. hacérsela un sastre

Ej.: *¡Estoy agotado!* **¡Ni que hubiera trabajado mucho!**

1. ¡Qué bien le sienta la ropa a María! ....

2. ¡Vaya ojeras que tenéis! ....

3. Luis habla perfectamente español. ....

4. Conocéis perfectamente París. ....

5. Tuve que gritarle para que me oyera. ....

6. Los Gómez ya no me saludan. ....

7. Me miró de arriba abajo con superioridad. ....

Aciertos: .... de 7

Ejercicios

7

Excepto que, a menos que o a no ser que.
Responde usando uno de los nexos condicionales.

Ej.: ¿Vas a celebrar tu cumpleaños en la playa? / A lo mejor hace frío.
Sí, a no ser que haga frío.

1. ¿Vas a cenar con Elvira? / A lo mejor la canguro no viene.
   ....

2. ¿Vais a salir mañana? / A lo mejor llueve.
   ....

3. ¿Iréis a Barcelona el próximo puente? / A lo mejor elegís otro sitio.
   ....

4. ¿Tu hermano va a estudiar Filosofía? / A lo mejor hace Ciencias Humanísticas.
   ....

5. ¿Vais a presentaros al examen? / A lo mejor no estamos bien preparados.
   ....

6. ¿Vas a comprarle un buen regalo? / A lo mejor no tienes dinero.
   ....

Aciertos: .... de

8

Con tal de que.
Responde a las preguntas.

Ej.: ¿Vas a ir mañana al campo? (Solo si me presta mi padre el coche).
Sí, con tal de que mi padre me preste el coche.

1. ¿Te vas a cambiar de piso? (Solo si encuentro uno más barato).
   ....

2. ¿Quieres que, de segundo, pidamos pescado? (Solo si está fresquísimo).
   ....

3. ¿Te deja salir tu padre esta noche? (Solo si vuelvo antes de las dos).
   ....

4. ¿Me prestas tu coche para mañana? (Solo si lo cuidas mucho).
   ....

5. ¿Vas al concierto de esta noche? (Si encuentro entradas).
   ....

6. ¿Puedo ausentarme del trabajo el próximo martes? (Solo si presenta un justificante).
   ....

Aciertos: .... de

9

En caso de que.
Responde a las preguntas.

Ej.: ¿Y qué hacemos si no hay entradas para el concierto de mañana? (Cine).
   En caso de que no haya entradas, vamos al cine.

1. ¿Y si no tengo tiempo de acabar el informe? (Quedarte un poco más en la oficina).
   ....

2. ¿Y si me vuelve el dolor de cabeza? (Tomar otra aspirina).
   ....

3. ¿Qué haréis si no encontráis billete de avión? (Ir en tren).
   ....

4. ¿Y si a mamá no le gusta el regalo? (Cambiarlo).
   ....

5. ¿Qué pasa si la sala 1 está llena? (Ir a la película de la sala 2).
   ....

6. ¿Y si nadie quiere acompañarme? (Ir solo).
   ....

Aciertos: .... de 6

10

Por si y no sea / fuera que.
Transforma las frases como en el ejemplo.

Ej.: Pregúntale a Luis antes de organizarlo todo, por si no quiere participar.
   Pregúntale a Luis antes de organizarlo todo, no sea que no quiera participar.

1. Voy a comprar el regalo hoy por si mañana no me da tiempo a salir.
   ....

2. No hagáis ruido por si los niños están dormidos.
   ....

3. Voy a reservar ya la mesa por si nos quedamos sin sitio para cenar.
   ....

4. Cogimos las cadenas por si caía una nevada.
   ....

5. Preparé un poco más de comida por si se presentaban también mis amigos a cenar.
   ....

6. Vámonos a la estación por si hay tráfico y no llegamos a coger el tren.
   ....

7. Coge el abrigo por si después tienes frío.
   ....

Aciertos: .... de 7

5. PARA EXPRESAR LAS CONDICIONES (II)

Consolida

11 **Transforma las siguientes frases usando el nexo indicado entre paréntesis.**

Ej.: Curarte completamente / No salir en un par de días a la calle. (Con tal de que).

Te curarás completamente, con tal de que no salgas en un par de días a la calle.

1. Aprobar (él) / Estudiar un poco. (Con tal de que).
   ....

2. No volver (tú) a contar conmigo para nada / No llamarme. (Como).
   ....

3. Quedarme con el libro / Pedírmelo mi hermano. (A no ser que).
   ....

4. Comprarte un vestido / Ser (tú) buena. (Siempre y cuando).
   ....

5. Mañana ir (yo) al gimnasio / seguir doliéndome el pie. (A menos que).
   ....

6. Salir (yo) con vosotros / Tener mucho que estudiar. (A no ser que).
   ....

7. Enfadarme contigo / No comer. (Como).
   ....

8. A las ocho estar (yo) de vuelta / Haber problemas. (A menos que).
   ....

9. Poder salir (vosotros) / Terminar de hacer los deberes. (Siempre y cuando).
   ....

10. Darse (yo) un baño / El agua estar muy fría. (A no ser que).
    ....

11. Volver (él) a tu lado / Pedirle (tú) perdón. (Con tal de que).
    ....

12. Tener (yo) que comprar los libros / Alguien prestármelos. (A menos que).
    ....

13. Marcharme (yo) / No hacerme caso (tú). (Como).
    ....

14. Prestarle (yo) mis libros / Cuidarlos mucho. (Siempre que).
    ....

Aciertos: .... **de**

12 **Escribe el verbo entre paréntesis en la forma más adecuada.**

*Ej.: Como no me (invitar, ellos) **inviten** a la fiesta de mañana, no vuelvo a hablar con ellos.*

1. Se confesó inocente y lo era, a menos que (estar) .... ocultando la verdad.
2. Os dije que lo obtendríais todo con tal de que (respetar) .... las normas.
3. No hice ningún comentario, no fuera a ser que alguien (darse) .... por aludido.
4. Me hizo repetir tres veces las cosas. ¡Ni que (tener) .... tapones en los oídos!
5. El examen era fácil, con que (estudiar) .... los temas más importantes podías pasarlo.
6. De (saber) .... que era una fiesta tan aburrida, no habría venido.
7. Hablaron como si, entre ellos, no (haber) .... ningún roce.
8. En caso de que no (encontrar) .... ayer las llaves, os habría prestado yo las mías.
9. Con que me (pagar, ellos) .... lo que me deben, sería suficiente.
10. Les dejaron entrar en la sala a condición de que (ocupar) .... solo la primera fila.
11. La vida aquí os sería más fácil, con tal de que (respetar) .... las normas.
12. Nos prometió que nos llevaría al cine siempre y cuando (salir) .... pronto del trabajo.
13. De (estar) .... en Madrid, Julio ya nos habría llamado.
14. En ese restaurante nos tratan muy bien, a no ser que (haber) .... mucha gente.
15. Llama a Álvaro, no sea que (entender) .... mal y nos esté esperando en otro sitio.
16. En caso de que (sentir) .... hambre, podríais prepararos unos bocadillos.
17. ¡Qué bien te está ese traje! ¡Ni que te lo (hacer) .... un gran modisto!
18. De (notar) .... frío, usad esas mantas de ahí para taparos.
19. Te dije que podrías salir siempre que (recoger) .... todos tus juguetes.
20. Se ha gastado 1000 euros en ropa. ¡Ni que le (tocar) .... la lotería!
21. Llama a tus abuelos por si les (hacer) .... falta que les lleváramos algo.
22. En aquella escuela, como no te (comportar) .... bien, te imponían unos castigos tremendos.

Aciertos: .... **de 22**

5. PARA EXPRESAR LAS CONDICIONES (II)

Consolida

13 **Completa libremente las siguientes frases.**

Ej.: *Últimamente, mi hermano se comporta **como si estuviera enfadado conmigo.***

1. Está siempre en casa estudiando ¡Ni que! ....
2. No llames a Marisa todavía, no sea que ....
3. La fiesta empezará a las diez a menos que ....
4. Te voy a regalar esos vaqueros a no ser que ....
5. Puedes salir con nosotros con tal de que ....
6. Te presto mis fichas de trabajo con tal de que ....
7. Trabajaré en esa empresa salvo que ....
8. Compra unos pasteles en caso de que ....
9. Le visitaré siempre y cuando ....
10. Me callé, no fuera que ....
11. Le he pedido que me ayude por si ....

Aciertos: .... de 1

14 **Piensa en cosas que te gustaría lograr o realizar en un futuro y en las cosas que podrían obstaculizar que lo consiguieras. Forma frases utilizando algunos de los nexos del recuadro.**

a. salvo que   b. excepto que   c. *a menos que*   d. con tal de que
e. siempre que   f. en caso de que   g. siempre y cuando
h. a no ser que   i. a condición de que

Ej.: *El verano próximo iré de vacaciones a Perú **a menos que tenga que quedarme estudiando.***

1. ....
2. ....
3. ....
4. ....
5. ....
6. ....
7. ....
8. ....

Aciertos: .... de

6. PARA EXPRESAR LA CONSECUENCIA

Observa ⎡Esta noche salimos, así que ponte guapa.⎤

FORMA

Oraciones consecutivas

▸ **Así que**
Por (lo) tanto
(Y) Por eso
Por consiguiente
De modo / manera / forma que

▸ **Tan** + adverbio / adjetivo + **que**
Verbo + **tanto que**
Tanto/a/os/as + sustantivo + **que**
Luego
Conque
De un(a) + sustantivo + **que**

} **+ indicativo**

▸ **De ahí que**
De aquí que
No tan + adjetivo / adverbio + **como para que**
No tanto + sustantivo + **como para que**

} **+ subjuntivo**

Regla

Con la mayoría de estos nexos consecutivos se utiliza un verbo en uno de los tiempos del **indicativo**.
Con algunos se utiliza el **subjuntivo**.

6. PARA EXPRESAR LA CONSECUENCIA

Usos

▶ *Así que* es la partícula consecutiva de uso general. *Por (lo) tanto, por eso* y *por consiguiente* son también de uso bastante común; todas llevan indicativo.

Es muy tarde, así que me voy a mi casa.
La falda nueva tiene un defecto, por lo tanto tengo que cambiarla.

De modo / manera / forma que con valor consecutivo van seguidas de indicativo.

He terminado el curso de inglés, de modo que (= así que) ya entiendo un poquito.
Ojo: estos mismos nexos seguidos de subjuntivo tienen un valor final.
Explícale otra vez esa teoría, de modo que (= para que) la entienda.

▶ *Tan* + adverbio/adjetivo + *que*, verbo + *tanto que, tanto/a/os/as* + sustantivo + *que* llevan indicativo en forma afirmativa y subjuntivo en forma negativa.

Es tan listo que aprueba siempre los exámenes.
No es tan astuto que sepa siempre cómo comportarse.

Luego (+ indicativo) sirve para expresar la consecuencia lógica o filosófica. Su uso es culto.

Pienso, luego existo.

Conque + indicativo / imperativo: se trata de una partícula concesiva de uso coloquial para expresar una orden o una decisión.

Estoy muy cansada, conque no me molestéis más.

De un/a + sustantivo o adjetivo + *que* (+ indicativo). Con esta construcción se califica algo o a alguien y se da la consecuencia que de ello deriva.

Es de una inteligencia que nadie lo supera.

▶ *De ahí / aquí que* + subjuntivo: son partículas consecutivas de uso culto.

No supieron optimizar sus recursos, de ahí que la empresa quebrara.

No ... tan + adjetivo / adverbio + *como para que* y *no ... tanto* + sustantivo + *como para que* (+ subjuntivo).

No es tan tonto como para que no sepa cómo actuar.
No tiene tantos años como para que le consideres viejo.

Ejercicios

1 **La consecuencia.**
Relaciona.

Ej.: *Se me ha estropeado el ordenador,*

1. Ya hemos terminado de comer,
2. No se porta muy bien en clase,
3. Toma un desayuno muy ligero,
4. María está fuera,
5. Hoy no hemos resuelto nada,
6. Esta novela es muy interesante,
7. Ha comido demasiado,
8. No le van nada bien las cosas,
9. Llevo esperando desde la una a Mar,
10. Hoy no estoy para bromas,

a. de ahí que le hayan llamado la atención.
b. de modo que a las doce tiene ya hambre.
c. por consiguiente mañana nos volveremos a reunir.
d. conque paga la cuenta y vámonos ya de aquí.
e. por lo tanto no dudes en comprártela.
f. de ahí que esté tan abatido.
g. ***así que no puedo leer los correos de mis amigos.***
h. conque déjame tranquila.
i. así que, por favor, no vuelvas a llamarla hoy.
j. y por eso le duele el estómago.
k. así que si no llega enseguida, me voy a casa.

Aciertos: .... de 10

2 **Las oraciones consecutivas con indicativo o subjuntivo.**
Observa las siguientes frases y subraya la forma adecuada.

Ej.: *Hoy todos están un poco nerviosos, así que **es** / sea mejor no molestarlos.*

1. La obra que presentó al concurso es estupenda, de ahí que le *han dado / hayan dado* el primer premio.
2. Sé que tenéis vosotros la agenda, conque no *decís / digáis* que la tengo yo.
3. Se quedaron sin dinero, así que *tuvieron / tuvieran* que ponerse a trabajar.
4. No se portó tan mal como para que la *expulsaron / expulsaran* del curso.
5. El niño tiene unas décimas, luego *es / sea* cierto que la medicina produce reacción.
6. No es tan ingenuo que no *comprende / comprenda* que lo quieren engañar.
7. Hay una manifestación en la calle, de modo que no se *puede / pueda* circular.
8. No me han llamado para invitarme, por lo tanto no *pienso / piense* ir.
9. Es de una timidez que *da / dé* pena escucharle hablar en público.

Aciertos: .... de 9

6. PARA EXPRESAR LA CONSECUENCIA

Ejercicios

Un paso más.
Escribe el verbo entre paréntesis en la forma más adecuada.

Ej.: *Sé que no te va a gustar, por eso (preferir)* **prefiero** *no decirte lo que sé.*

1. No encuentro mis llaves, así que (ir) .... a denunciar su desaparición.
2. No es un libro tan vendido que no se (poder) .... encontrar una copia.
3. La quiere tanto que no (saber) .... vivir sin ella.
4. No les van a renovar el contrato de alquiler de la casa, de ahí que (estar) .... buscando una nueva.
5. Paola coloca sus cosas de manera que siempre (saber) .... dónde lo tiene todo.
6. No sabe qué llevar, de ahí que no (tener) .... hecha todavía la maleta.
7. Su novela es de un aburrimiento tal que no (poderse) .... leer.
8. Ya es muy tarde, conque (volver, nosotros) .... a casa.
9. Jaime no come tanto como para que le (poner, ellos) .... un régimen tan estricto.
10. No hay luz en las ventanas, por lo tanto no (estar, ellos) .... en casa.

Aciertos: .... **de 1**

Consecutivas en pasado.
Escribe el verbo entre paréntesis en la forma más adecuada.

Ej.: *Empezó a llover, así que los chicos (recoger)* **recogieron** *sus cosas y se marcharon.*

1. Leía tanto que (saber, él) .... siempre de qué trataba cualquier libro.
2. Antes era una ciudad llena de atractivos, de ahí que (tener) .... tanto turismo.
3. Los dos diputados se insultaron, de ahí que (tener) .... que abandonar la sala.
4. Hizo el examen bastante mal, por eso (sacar) .... tan poca nota.
5. Esta mañana Mar ha llegado tarde a clase, así que el profesor la (castigar) ....
6. No asistieron todos los miembros del consejo, de modo que no (poderse) .... realizar la votación.
7. Las obras de la exposición no eran tan valiosas que (tener, ellos) .... que asegurarlas.
8. A él le hacían más falta los apuntes que a ti, por lo tanto, se los (dar) .... ayer.
9. No me ha vuelto a llamar, luego (entender, él) .... lo que le dije el otro día.

Aciertos: .... **de**

5 *Tan / tanto / tanta / tantos / tantas... que.*
Construye frases según el modelo.

Ej.: Estaba muy triste / Se echó a llorar.
   Estaba tan triste que se echó a llorar.

1. Come mucho / Engordará.
   ....

2. Se compra mucha ropa / No ahorra nada.
   ....

3. Nevó muchísimo / No se podía salir de casa.
   ....

4. Es muy alto / No encuentra ropa para él.
   ....

5. Tengo que hacer muchos ejercicios / No sé por cuál empezar.
   ....

6. Tienen muchos problemas / Ya no se relacionan con nadie.
   ....

Aciertos: .... **de 6**

6 *De un... que.*
Crea oraciones como la propuesta en el modelo.

Ej.: Las naranjas / estar caras / imposible comprarlas.
   Las naranjas están de un caro que es imposible comprarlas.

1. Ese autor / ser difícil / imposible leerlo sin diccionario.
   ....

2. Ser (ella) / maldad / dar miedo.
   ....

3. Mi nuevo vecino / ser antipático / no merecer la pena hablar con él.
   ....

4. Ser (él) / brillante / ganar siempre a todos.
   ....

5. Ser (él) / fortaleza / no hundirse por nada.
   ....

6. Estar (él) / triste / no poder hablar con él (yo).
   ....

7. Su ropa / ser ridícula / todos reírse de él.
   ....

Aciertos: .... **de 7**

Ejercicios

7 ***No tan / tanto como para que.***
Forma frases como en el ejemplo.

Ej.: Hacía viento, pero no mucho / No suspendieron la carrera.
   No hacía tanto viento como para que suspendieran la carrera.

1. La sopa está salada, pero no mucho / Se puede comer.
   ....

2. Está enfermo, pero no mucho / Puede ir a clase.
   ....

3. Tiene dinero, pero no tanto / No puede comprarse un Ferrari.
   ....

4. Carlos es muy alto, pero no tanto / Cabe en una cama normal.
   ....

5. Marcial tenía problemas, pero no tantos / Podía llevar una vida normal.
   ....

6. Es una avería complicada, pero no mucho / Se puede reparar.
   ....

Aciertos: .... de

8 **Las oraciones consecutivas.**
Observa y sigue el modelo.

Ej.: Ha terminado sus estudios / Volver a su pueblo. (Así que)
   Ha terminado sus estudios, así que vuelve a su pueblo.

1. El profesor les ha visto copiar / Suspenderles. (De ahí que)
   ....

2. Ese libro no es tuyo / Devolverlo. (Conque)
   ....

3. Esta mañana hacía frío / Coger el abrigo. (Por eso)
   ....

4. La votación no fue válida / Repetirla. (De ahí que)
   ....

5. Oigo ruidos en casa / Haber alguien. (Luego)
   ....

6. No encontraban taxi / Llegar tarde al teatro. (Por lo tanto)
   ....

Aciertos: .... de

Consolida

9 Completa las frases con el nexo concesivo más adecuado.

> a. así que   b. tales... que   c. tanta... que
> d. no... tanto... como para   e. conque   f. tanto que
> g. de manera que   h. **de ahí que** (3)

Ej.: *Tenía una infección bastante grave, **de ahí que** tuviera tanta fiebre.*

1. El profesor de inglés habla muy deprisa, ... no le entendemos muy bien.
2. Aquí ya no tenemos nada que hacer, ... podemos marcharnos.
3. El niño anoche cogió mucho frío, ... ahora tenga fiebre.
4. Durante aquel periodo trabajó .... terminó agotada.
5. Le dijo .... cosas .... la pobre Lucía se echó a llorar.
6. .... gana .... dinero .... poder permitirse un coche así.
7. En el salón de baile había .... gente .... no pudimos entrar.
8. Niños, es muy tarde, ... dejad de jugar y poneos los pijamas.
9. Era muy tarde, ... no pudieran esperar a que llegara Marco.

Aciertos: .... de 9

10 Completa cada frase con un verbo del recuadro en su forma más adecuada.

> a. dejarme   b. haber   c. conseguir   d. poder   e. considerar
> f. estar   g. irse   h. tener   i. acabarse   j. **devolver**

Ej.: *El aparato de música que has comprado no funciona, conque **devuélvelo** inmediatamente.*

1. Habían discutido antes de salir de casa, de ahí que .... tan nerviosos.
2. Estoy harta de oír tus tonterías, así que .... en paz.
3. Se me han roto los esquíes y, por eso, ya no te los .... prestar.
4. No había dormido en toda la noche, de ahí que ayer .... tan mala cara.
5. No sabían qué aconsejarme, por lo tanto no .... ayudarme.
6. Había terminado su trabajo, así que .... a casa a descansar.
7. Han terminado las intervenciones, por lo tanto, ahora .... el congreso.
8. No tiene tanto dinero como para que ellos lo .... un hombre rico.
9. Mi profesor es de un aburrido que no .... quien lo pueda soportar.

Aciertos: .... de 9

Consolida

11 **Completa libremente.**

Ej.: *No me gustaba nada la película que estaban poniendo,* **así que me levanté y me marché.**

1. No quiero ir a la fiesta de esta noche, conque ....
....

2. No se encontraba bien, de ahí que ....
....

3. Mañana me pagan lo que me deben, así que ....
....

4. Pronto serán los exámenes, por lo tanto ....
....

5. Me falta dinero, luego ....
....

6. Le he dicho lo que pensaba y por eso ....
....

7. Estoy harta de estar aquí, conque ....
....

8. Llegaba tarde a una cita muy importante, de ahí que ....
....

9. Hace mucho que no hablo con mi abuelo, así que ....
....

10. Se produjo un apagón, por consiguiente ....
....

11. Llegó muy tarde a clase, así que ....
....

12. He entregado la tesina fuera de plazo, de ahí que ....
....

Aciertos: .... de

7. PARA EXPRESAR LA OBJECIÓN O LA DIFICULTAD

Observa

[Aunque haga frío, saldré a pasear.]

FORMA

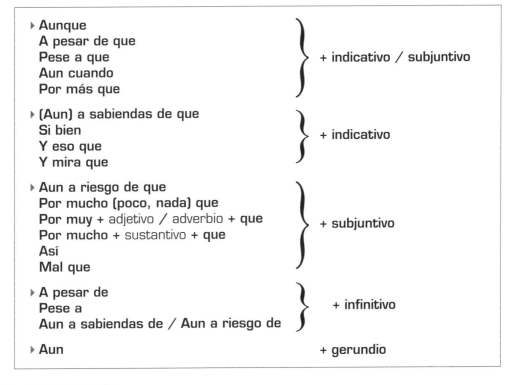

▸ Aunque
  A pesar de que
  Pese a que   } + indicativo / subjuntivo
  Aun cuando
  Por más que

▸ (Aun) a sabiendas de que
  Si bien
  Y eso que   } + indicativo
  Y mira que

▸ Aun a riesgo de que
  Por mucho (poco, nada) que
  Por muy + adjetivo / adverbio + que
  Por mucho + sustantivo + que   } + subjuntivo
  Así
  Mal que

▸ A pesar de
  Pese a   } + infinitivo
  Aun a sabiendas de / Aun a riesgo de

▸ Aun   + gerundio

Regla

Se utiliza el **indicativo** o el **subjuntivo** dependiendo del nexo concesivo utilizado. Algunos nexos admiten los dos modos verbales, se utiliza uno u otro dependiendo de la intención de comunicación.

Usos

▶ *Aunque* es la partícula concesiva de uso universal (es decir, la más empleada). El hablante utiliza *aunque* + indicativo cuando informa de un hecho, real y conocido para él, y cuando considera tal información como nueva para el oyente.

> *Ayer, aunque estaba muy cansada, estudié hasta las once de la noche.*
> *(Informo a otro de que ayer estaba cansada, hecho real y experimentado)*
> *Aunque no tengo muchos libros en casa, soy un buen lector.*

En cambio, *aunque* va seguido de subjuntivo:
– Cuando el hablante considera el hecho como una información compartida (cree que el oyente ya lo sabe).

> *Aunque el examen no sea fácil, tenemos posibilidades de aprobarlo.*

– Cuando el hablante no está de acuerdo o replica a lo dicho por su interlocutor o repite una información previamente dada.

> Réplica: *+ No tengo hambre.*
>   *– Pues aunque no tengas hambre, tienes que terminártelo todo.*
> Repetición: *Mi casa es bonita, pero aunque sea bonita, tiene un alquiler altísimo.*

– Cuando el hablante no se compromete con lo que dice porque ignora si es cierto o no tiene suficiente información sobre ello y hace hipótesis.

> *Aunque mañana haga frío, iremos al parque. (Hipótesis probable)*
> *Aunque mañana hiciera frío, iríamos al parque. (Hipótesis improbable)*

Se comportan como *aunque* (indicativo o subjuntivo):
– **A pesar de que**

> *A pesar de que no me siento / sienta muy bien, tengo que hablar con él.*

– **Pese a que** (de registro más culto).

> *Pese a que lo intentábamos / intentáramos consolar, estaba triste.*

– **Por más** (+ sustantivo) + *que* (de uso muy frecuente tanto en español hablado como escrito).

> *Por más que estudie / estudia, no aprueba.*
> *Por más acciones que se compre, no va a ganar nada.*

– *Aun cuando* (de uso más restringido: lengua muy cuidada, culta).

Me ayuda aun cuando tiene / tenga más problemas que yo.

▶ *Aun a riesgo de que* (de uso más culto), *por mucho (poco, nada)* + *que*, *por mucho* + sustantivo + *que*, *por (muy)* + adjetivo / adverbio + *que*, *así* (español hablado, nivel coloquial) y *mal que* (prácticamente fosilizado en la expresión "mal que le pese") llevan subjuntivo.

Tengo que interrumpirte, aun a riesgo de que te parezca mal mi intervención.
Por mucho que trabaje, no le van a pagar más.
Por poco que te prepares, pasarás la selección.
Por mucho dinero que tenga, es un pobre hombre.
Por muy alto que sea, no creo que juegue bien al baloncesto.
Por muy lejos que viva, es imposible que tarde tanto en llegar.
No deja de hablar en clase, así lo castigues una semana sin salir.
Mal que le pese, tendrá que hacerlo (aunque le pese...).

▶ *Si bien* (de uso culto. Indica una cierta restricción), *(aun) a sabiendas de que* (de uso culto), y *eso que / y mira que* (de uso frecuente en la lengua hablada. Sirve para ponderar) llevan **indicativo**.

Ese médico fue quien realizó el descubrimiento, si bien la labor de sus colabora-dores fue inestimable.
Actuó así aun a sabiendas de que lo castigarían.
Se marchó sin abrigo, y eso que le advertí que hacía mucho frío.

▶ *A pesar de / pese a / aun a riesgo de / aun a sabiendas de / ya puedo (puedes, puede...)* (de uso oral, expresa la idea de que "nada va a cambiar") llevan **infinitivo**.

A pesar de no tener mucho dinero, se organiza bien.
No supo responder, pese a tenerlo todo preparado.
Aun a riesgo de parecer egoísta, me quedé yo con todo el material.
Se presentó al concurso aun a sabiendas de no estar preparado.
Ya puede trabajar, (que) no va a conseguir nada.

▶ *Aun* + gerundio / participio / adjetivo + *y todo* (uso oral, nivel coloquial).

Preparándose y todo, hizo mal la prueba.
Aun teniendo pocas posibilidades, solicitó el empleo.

7. PARA EXPRESAR LA OBJECIÓN O LA DIFICULTAD

Ejercicios

1 **Aunque.**
Relaciona.

Ej.: *Aunque sabía dónde estaba su primo,*

1. Aunque coma muchísimo,	a. estaba decidido a comprarle el regalo.
2. Aunque le costara todos sus ahorros,	b. esta noche iré al cine con Manuela.
	c. no habría encontrado entradas.
3. Aunque ya habrá cumplido 80 años,	d. mi abuela me mandaba a la escuela.
4. Aunque supiera dónde ha ido Mar,	e. no lo encontrarás en la ciudad.
5. Aunque no me apetece nada,	f. tenemos que salir de compras.
6. Aunque lo llames la semana próxima,	g. *no nos lo quiso decir.*
7. Aunque hace bastante frío,	h. siempre tengo un hambre atroz.
8. Aunque hubiera ido ayer al teatro,	i. no la delataría nunca.
9. Aunque el reloj cueste menos allí,	j. siempre está cansado.
10. Aunque no trabaja mucho,	k. este invierno irá a esquiar.
11. Aunque estuviera nevando,	l. prefiero comprarlo en esta tienda.

Aciertos: .... **de** 1

2 **Concesivas con indicativo.**
Completa las siguientes frases con un tiempo del indicativo.

Ej.: *Aunque (tener)* **tenía** *fiebre, se levantó y preparó la cena para todos.*

1. A pesar de que, aquel día, (tener) .... poco dinero, pudimos comprarle el regalo que queríamos.
2. Pese a que le (decir) .... que visitara La Alberca, no nos hizo caso.
3. ¿Sabes? Aunque (hacer) .... mucho ejercicio, no está nada en forma.
4. Pobrecito, por más que (esforzarse) .... en mejorar, todo le sale mal.
5. A pesar de que (fiarse) .... mucho de ti, esto prefiero no contártelo.
6. Pese a que (estar) .... delicado de salud, no se concede una pausa.
7. ¿Sabes? Aunque (ser) .... mi mejor amigo, hay cosas de mí que no le cuento.
8. Aunque (entrenarse) .... mucho, no está nada preparado para la próxima competición.
9. A pesar de que (ser) .... el mejor en esa especialidad, no ha ganado.
10. Le ayudé, aun cuando no me lo (pedir) ....

Aciertos: .... **de**

3 **Concesivas con subjuntivo.**
Completa las siguientes frases con un tiempo del subjuntivo.

Ej.: *Aunque mañana no (estar)* **esté** *despejado, iremos a esquiar.*

1. Tiene cincuenta años, pero a pesar de que (tener) .... esa edad, se sigue comportando como un niño.
2. Pese a que me (pagar, ellos) .... bastante menos ahora, vivo menos agobiado que con el anterior trabajo.
3. Aunque (nosotros, comer) .... muchas verduras, me parece que no nos alimentamos bien.
4. Me da igual, por más que (llorar, él) ...., no pienso comprarle lo que quiere.
5. A pesar de que no (saber, tú) .... muy bien cómo hacerlo, inténtalo.
6. Mi casa es grande, pero aunque (ser) .... grande, no podemos hacer la fiesta allí.
7. Se sentía siempre solo, aun cuando (tener) .... muchos amigos.
8. Aunque mañana (hacer) .... mucho frío, no suspenderíamos la excursión a El Escorial.
9. Por más que (tratar) .... de ofenderme, no pienses que vas a conseguirlo.
10. Le habría ayudado, aun cuando no me lo (pedir) ....

Aciertos: .... de 10

4 **Concesivas con indicativo o con subjuntivo.**
Completa con la forma adecuada, teniendo en cuenta a quién le trasmites el mensaje.

Ej.: *(A un nuevo amigo). Aunque (vivir)* **vivo** *aquí en Madrid, paso mucho tiempo en la sierra de Ávila.*

1. (A tus padres). Aunque no me (gustar) .... comer carne, en la barbacoa del abuelo haré una excepción.
2. (A un compañero nuevo de clase). Aunque el profesor (exigir) .... mucho durante el curso, se porta muy bien en el examen final.
3. (A un amigo. No estás de acuerdo con él). Aunque (haber) .... mucha gente en la exposición, ese no es motivo para no querer ir.
4. (A tu profesor de español). Aunque (estudiar) .... español desde hace solo tres meses, ya entiendo bastantes cosas.
5. (A tu profesor particular). Aunque (empezar) .... a estudiar en una academia, quiero continuar asistiendo a sus clases.

Aciertos: .... de 5

7. PARA EXPRESAR LA OBJECIÓN O LA DIFICULTAD

Ejercicios

5 Microdiálogos.
Completa con la forma verbal más adecuada.

Ej.: – ¿Qué tal las vacaciones?
   + Muy divertidas, aunque (estar) **estuve** enfermo un par de días.

1. – ¿Qué tal te lo pasaste en casa de Lucía?
   + Muy bien, aunque (ir) .... tanta gente que casi no cabíamos en el salón.
2. – Has aprobado el examen escrito, ¿verdad?
   + Sí, pero pese a que lo (aprobar) ...., el profesor me ha dicho que tengo que hacer la prueba oral.
3. – El abogado te ha dicho que no hay problemas, ¿no?
   + Sí, pero a pesar de que me (decir) .... eso, yo no estoy muy tranquilo.
4. – ¿El domingo vamos a hacer la excursión que teníamos programada?
   + Sí, claro. Iremos al lago, aunque no (hacer) .... muy bueno.
5. – ¿Qué tal en Turquía?
   + Bien, aunque me (perder, ellos) .... las maletas y (tener, yo) .... que comprarme ropa.

Aciertos: .... de

6 Los nexos concesivos.
Relaciona.

Ej.: *He sacado un ocho en el examen,*

1. Nunca lo encuentro en casa,
2. Está muy triste y deprimida,
3. Los niños se subieron a los árboles,
4. Tu informe está muy bien hecho,
5. Pedro no adelgazará nunca,
6. Respetaremos lo pactado,
7. Te voy a repetir las instrucciones,
8. Harás un buen examen,
9. Mis hermanos no dicen una mentira,
10. Marga no apareció por la fiesta,
11. Creo que es un chico feíto,

a. aun a sabiendas de que los castigarían.
b. por poco que repases los apuntes de clase.
c. si bien pienso que tiene puntos mejorables.
d. aun cuando sabemos que nos costará mucho.
e. por más que lo llamo y lo llamo.
f. así les ofrezcas todo el oro del mundo.
g. a pesar de que le había rogado que fuera.
h. **y eso que no había estudiado nada.**
i. por guapo que te parezca a ti.
j. aun a riesgo de parecerte un pesado.
k. por mucha dieta que se invente.
l. pese a que hacemos lo posible por animarla.

Aciertos: .... de

7 *Y eso que* o *y mira que.*
Forma frases usando una de las dos formas.

Ej.: Ha suspendido otra vez / estudiar.
   Ha suspendido otra vez, y eso que / y mira que estudia.

1. Fuma mucho / prohibírselo el médico.
   ....

2. No se gasta nada en ropa / tener dinero.
   ....

3. No sabe qué regalarle / tener diferentes posibilidades.
   ....

4. No ha sacado las oposiciones / haberse preparado bien.
   ....

5. ¡Qué pesadez de estómago! / no haber comido nada.
   ....

6. No me ha dado tiempo a terminar / tener tiempo.
   ....

Aciertos: .... de 6

8 **Replicar mostrando desacuerdo.**
Forma frases como en el ejemplo.

Ej.: No leas ese libro. Es muy aburrido.
   Pues aunque sea muy aburrido, voy a leerlo.

1. Esta noche no te pongas esos zapatos. Te van a doler los pies.
   ....

2. No hables más del trabajo. Estoy harta de ese tema.
   ....

3. No compres ese jersey. Es muy caro.
   ....

4. No salgáis ahora a la calle. Está lloviendo.
   ....

5. No vayas a ver esa película. No es divertida.
   ....

6. No te pongas esa chaqueta. No me gusta.
   ....

Aciertos: .... de 6

7. PARA EXPRESAR LA OBJECIÓN O LA DIFICULTAD

Consolida

9 Escribe el verbo entre paréntesis en la forma más adecuada.

Ej.: *Por muy viejo que (estar)* **esté** *ese aparato, no pienso deshacerme de él.*

1. Se ha vuelto a caer esquiando, y mira que le (advertir) .... que no fuera tan imprudente.
2. Por muy simpático que te (parecer) ...., a mí ese chico no me gusta nada.
3. Si bien a nosotros nos (conceder) .... una buena ayuda, han recortado bastante los presupuestos.
4. Aunque este verano ya (cumplir) .... ochenta años, hará igualmente un curso de vela.
5. Por mucho que le (pagar, tú) ...., no estará nunca satisfecho.
6. Se casó con Lulú pese a no (contar) .... con la aprobación de la familia.
7. Aun a riesgo de que no le (gustar) ...., le voy a comprar ese regalo.
8. ¿Sabes? No he podido reservar una mesa en el restaurante de la plaza, a pesar de que (llamar) .... seis veces.
9. Ya puede (quejarse) ...., que nadie va a echarle una mano.

Aciertos: .... de

10 Forma frases usando el nexo propuesto.

Ej.: *La casa era muy cara. La compraron. (A pesar de que)*
    A pesar de que la casa era muy cara, la compraron.

1. No es fácil resolver los problemas que han surgido. Lo estamos intentando. (Si bien)
   ....

2. No ha recuperado la forma física. Se ha preparado mucho. (Pese a que)
   ....

3. Tiene mucho dinero. No lo parece. (Aunque)
   ....

4. No me hizo caso. Le hablé de los riesgos que corría. (A pesar de que)
   ....

5. Corre y corre, pero llega siempre tarde a todo. (Por mucho que)
   ....

Aciertos: .... de

11 **Completa libremente las siguientes frases.**

Ej.: *Esta noche voy a salir, aunque **debería quedarme trabajando en casa.***

1. Mis amigos se han enfadado conmigo, y eso que ....
   ....

2. Prepárame un bocadillo, aunque ....
   ....

3. Se han marchado, aun a riesgo de que ....
   ....

4. El abogado no nos dijo nada, aun cuando ....
   ....

5. Me han dicho que me faltaba un documento, pese a ....
   ....

6. Se han ido a la sierra, aun a sabiendas de que ....
   ....

7. Nunca hará lo que le decimos, por mucho que ....
   ....

Aciertos: .... **de 7**

12 **Imagina que tus amigos y tú queréis hacer un viaje al desierto (o a la selva) y estáis analizando las dificultades que pueden surgir y sus posibles soluciones.**

Ejemplo:

Piensa y escribe posibles dificultades:
1. *En el desierto hay poca agua.*
2. *Podemos encontrar animales peligrosos.*
3. ....,
4. ....,
5. ....

1. *Aunque haya poca agua, podemos llevar los todoterreno llenos de bidones.*
2. *Aunque encontráramos animales peligrosos, no tendrían por qué atacarnos.*
3. ....
4. ....
5. ....

Aciertos: .... **de 3**

Tema 6

USO DEL INDICATIVO Y DEL SUBJUNTIVO. CONCORDANCIA DE TIEMPOS

■ TIEMPO/MODO EN LA ORACIÓN PRINCIPAL >
TIEMPO/MODO EN LA SUBORDINADA .... PÁG. 153

Observa

Me <u>gustaría</u> que hubiera hablado.

<u>He dicho</u> que te calles.

<u>Había deseado</u> que me ayudaran.

Regla

VERBO DE LA ORACIÓN PRINCIPAL	VERBO SUBORDINADO
1	
▸ Presente de indicativo	
▸ Futuro simple	Presente de subjuntivo
▸ Futuro compuesto	o
▸ Pretérito perfecto de indicativo	Pretérito perfecto de subjuntivo
▸ Imperativo	
2	
▸ Pretérito imperfecto de indicativo	
▸ Pretérito perfecto simple	Pretérito imperfecto de subjuntivo
▸ Pretérito pluscuamperfecto de indicativo	o
▸ Condicional simple	Pretérito pluscuamperfecto de subjuntivo
▸ Condicional compuesto	

Usos

▶ El verbo de la oración subordinada será una forma simple (no compuesta) cuando exprese una **acción simultánea o posterior** a la que expresa el verbo de la oración principal.

> *Me alegro de que seas tan feliz.*
> *Siento mucho que te tengas que marchar a las siete.*
> *Me probibió que saliera con mis compañeros.*

▶ El verbo de la oración subordinada será una forma compuesta cuando exprese una acción **anterior** a la que expresa el verbo de la oración principal.

> *Me duele que hayas tenido problemas.*
> *Lamento que te hayan despedido.*
> *Me gustaría que, para el jueves, hubieras terminado ya el trabajo.*

▶ Ten en cuenta que el esquema refleja las correlaciones más habituales, pero hay otras posibles en las que, generalmente, se ponen en relación dos momentos temporales distintos.

> *Me alegro (ahora) de que Luz te invitara (hace una semana, por ejemplo).*
> *Siento (en este momento) que no pudieras ir a la fiesta de ayer.*
> *El profesor me dice (ahora) que hubiera estudiado más (antes de haber hecho el examen).*
> *Me dijo (entonces) que se queda a vivir en Madrid (ahora).*
> *Si nos llama María, podríamos (más tarde) ir al cine con ella.*

Ejercicios

1 Escribe debajo de cada verbo a qué tiempo y modo corresponden. Las siguientes frases ejemplifican el punto 1 del esquema.

1. No me <u>pedirá</u> que **vaya**.

   ....

2. No le <u>habrán permitido</u> que **salga**.

   ....

3. <u>Haz</u> que tu hermano **estudie** un poco más.

   ....

4. No <u>creo</u> que lo **hayas hecho** tú.

   ....

5. Pronto <u>necesitaré</u> que **hayan terminado** el trabajo.

   ....

6. Le <u>habrá molestado</u> que no le **hayas llamado**.

   ....

7. Me <u>ha sentado</u> mal que **hayas sido** brusco con mi hermana.

   ....

8. <u>Consigue</u> que los niños **hayan comido** para cuando lleguemos.

   ....

Aciertos: .... de 16

2 Escribe debajo de cada verbo a qué tiempo y modo corresponden. Las siguientes frases ejemplifican el punto 2 del esquema.

1. No <u>quería</u> que me **riñeran**.

   ....

2. No <u>quise</u> que **entraran**.

   ....

3. Me <u>gustaría</u> que me **quisiera**.

   ....

4. Me <u>habría gustado</u> que me **ayudara**.

   ....

5. Les <u>había sentado</u> mal que os **hubierais negado** a ir.

   ....

6. Les <u>pareció mal</u> que os **hubierais marchado**.

   ....

7. No les <u>gustó</u> que no os **hubierais despedido**.

   ....

8. Me <u>habría gustado</u> que **hubiera hablado**.

   ....

Aciertos: .... de 16

Ejercicios

3 **Relaciona.**

Ej.: *Me molesta mucho que*

1. **Sería** mejor que
2. Ayer **llamé** a mi padre para que
3. Nos **han recomendado** que
4. **Me conformaría** con que
5. Mi madre nos **prohibió** que
6. No **está** bien que
7. Nos **encantaría** que
8. No **conozco** a nadie que
9. **Estaría** bien que
10. De pequeño, siempre **quería** que
11. **Siento** mucho que

a. **usemos** las toallas de ese hotel.
b. **pusiéramos** los zapatos en el salón.
c. *fumes en mi habitación.*
d. **vinierais** a vernos más a menudo.
e. **pueda** traducir ese texto.
f. **hubiéramos estudiado** un poco.
g. alguien me **contara** un cuento.
h. hoy **hayáis llegado** tarde a la cita.
i. **haya pagado** tanto por las entradas.
j. mis alumnos **supieran** desenvolverse.
k. **os marcharais** inmediatamente de aquí.
l. me **dijera** cuándo llegaba.

Aciertos: .... de 1`

4 **Completa con uno de los verbos del recuadro.**

a. tengas	b. vayamos	c. elaboren	d. hicieras	e. enseñen
f. haya ido	g. dejara	h. *concedan*	i. hayáis terminado	
j. fuera	k. salgamos	l. iban		

Ej.: *Estudio mucho para que me **concedan** una beca.*

1. No creo que .... razón en lo que dices.
2. Le ordenó que .... inmediatamente los libros en su sitio.
3. Se ha matriculado en un curso para que le .... decora-oión.
4. Contraté a un profesor particular, aunque los niños .... bien en la escuela.
5. Me gustaría que me .... un poco más de caso.
6. Es preciso que .... antes de las ocho.
7. Ojalá mañana .... domingo.
8. Señores, les han traído esos materiales para que .... una buena propuesta.
9. ¿Te apetece que .... esta noche con ellos?
10. Ya es muy tarde para que .... a su casa. Seguro que ya han cenado.
11. No conozco a nadie que .... a Nueva Zelanda de luna de miel.

Aciertos: .... de `

5   **Cambia el infinitivo por el subjuntivo correspondiente.**

Ej.:   Me gusta estudiar ruso / (que tú)
       *Me gusta **que estudies** ruso.*

  1.   Me gustaría pasar el fin de semana en Madrid / (que vosotros)
     ....

  2.   Es maravilloso estar aquí todos juntos / (que nosotros)
     ....

  3.   Encendió la radio para oír las noticias / (para que sus hermanos)
     ....

  4.   Me llamaron para hacer los deberes / (que nosotros)
     ....

  5.   Veremos al cantante antes de salir al escenario / (que los músicos)
     ....

  6.   Era necesario abandonar rápidamente aquel lugar / (que los niños)
     ....

  7.   Espero haber acabado el trabajo para las seis / (que mi madre)
     ....

  8.   Quiere irse de esa universidad / (que yo)
     ....

  9.   Me molesta llegar tarde a las citas / (que tú ayer)
     ....

10.   Me molesta llegar tarde a las citas / (que tú esta mañana)
     ....

11.   No me iré de Valencia sin haber probado la paella / (que tú)
     ....

12.   Para entrar ahí, es suficiente con enseñar el carné / (que vosotros)
     ....

13.   Hablar mucho es fundamental para aprender un idioma / (que los alumnos)
     ....

14.   Solo quiero vivir tranquilo / (que tú)
     ....

Aciertos: .... **de 14**

Ejercicios

6 **Escribe en pasado las siguientes frases.**

Ej.: Le doy dinero para que no tenga problemas.
   Le di dinero para que no tuviera problemas.

1. Voy a visitar a mi abuela para que no se sienta sola.
   ....

2. El revisor dice que pagues el billete.
   ....

3. Me halaga que me hayas mandado tantas flores.
   ....

4. Le llamo todos lo días antes de que salga.
   ....

5. Deseo que me escribas más a menudo.
   ....

6. Observo que la circulación ha mejorado mucho en esta ciudad.
   ....

7. He escrito la nota a máquina por si no entienden mi letra.
   ....

8. Te he dicho que bebas el agua fría muy lentamente.
   ....

9. Está bien que quieras gastar tu dinero en libros.
   ....

10. Llama a Mara antes de que haya terminado de estudiar.
    ....

11. Llame quien llame, no contesto al teléfono después de las diez.
    ....

12. Necesito un camarero que sepa hablar bien inglés.
    ....

13. Podremos esquiar después de que arreglen la avería en el telesilla.
    ....

Aciertos: .... **de**

7   **Y ahora al contrario. Transforma las siguientes frases.**

Ej.:   Le di dinero para que no tuviera problemas.
      Le doy dinero para que no tenga problemas.

1. No pensaba que Mariana estuviera enferma.
   ....

2. Hubiera terminado el informe aunque hubiera tenido que trabajar hasta
   tarde.
   ....

3. Me molestó que no me ayudara a limpiar la casa.
   ....

4. Mi padre quería que fuéramos de vacaciones a Cerdeña.
   ....

5. Me gustaría que me invitaras a cenar fuera.
   ....

6. Te llamé para que me dijeras qué había pasado.
   ....

7. Preferiríamos que no hablaseis de este tema con nadie.
   ....

8. Era necesario que esperásemos en la sala del doctor.
   ....

9. Nos pidieron que fuéramos a la fiesta de cumpleaños.
   ....

10. Era muy pronto para que hubiesen terminado de trabajar.
    ....

11. Dijera lo que le dijera, nadie le hacía ningún caso.
    ....

12. Aunque me dieran poco dinero, trabajaría en esa tienda.
    ....

13. Creían que el profesor les daría el día libre, pero no fue así.
    ....

Aciertos: .... **de 13**

Ejercicios

8 **Responde según el modelo.**

Ej.: – Prefiero que no vayamos hoy al cine.
+ *Yo también* **preferiría que no fuéramos.**

1. – Me han aconsejado que haga ese curso.
+ Yo también te ....

2. – Me han dicho que no vaya a ese espectáculo.
+ Yo también te ....

3. – Me apetece que Luis salga con nosotros.
+ A mí también me ....

4. – Te pido que me ayudes.
+ Yo también te ....

5. – Me gusta que mis amigos me mimen.
+ A mí también me ....

6. – Es importante para mí que me digas la verdad.
+ También ....

7. – Me alegro de que mi hermano me escriba a menudo.
+ Yo también me ....

Aciertos: .... **de**

Consolida

9 Escribe las siguientes frases modificando el verbo cuando lo creas necesario.

Ej.: Me gusta que me llames.
Me habría gustado que me hubieras llamado.
Me gustó que me llamaras.
Me gustaría que me llamaras.
Me gustaba que me llamaras.

1. Me alegro de que me haya llamado.
Me alegré de ....
Me he alegrado ....
Me alegraré ....
Me alegraría ....

2. Te presto mis apuntes para que estudies.
Te presté ....
Te prestaré ....
Te he prestado ....
Te prestaría ....

3. Me pide que lo ayude.
Me ha pedido ....
Me pidió ....
Me pedía ....
Me pedirá ....

Aciertos: .... **de 12**

Consolida

10 **Subraya la forma adecuada.**

Ej.: *Les rogué que me* **ayudaran** / *ayuden a encontrar una solución.*

1. Quiero que me *hables / hayas hablado* de tus nuevos amigos.
2. Abrid el balcón, que *salga / haya salido* el perro.
3. Esa chaqueta, mándala a la tintorería para que no se *estropee / estropeara*.
4. Ojalá ayer me *haya quedado / hubiera quedado* en casa en vez de salir.
5. Me sugirió que me *marche / marchase* para siempre.
6. Les voy a pedir que me *den / dieran* las llaves de su casa.
7. Para que no los *vuelvan / volvieran* a castigar, los niños han dejado de portarse mal.
8. Esperaba que Lucas no *hubiera perdido / haya perdido* el último tren.
9. ¿Necesitas que te *recoja / recogiera* al salir del trabajo?
10. Convocaron a los socios para que *propusiesen / hayan propuesto* mejoras.
11. Mi padre quería que *estudiara / estudie* en la Facultad de Farmacia.
12. No creía que para las seis ya *terminara / hubiera terminado* la reunión.
13. Nadie piensa que *tengas / hubieras tenido* razón.
14. Se marchó sin que le *resuelvan / resolvieran* el problema.
15. Le dijo que se *entregue / entregara* antes de que *haya sido / fuera* demasiado tarde.
16. Preferiría que no *comentases / comentes* lo que te he dicho con nadie.
17. Me extrañó que no me *llamara / llame*.

Aciertos: .... **de**

Tema

7

RECAPITULACIÓN

■ RECAPITULACIÓN GENERAL DE LOS USOS DEL INDICATIVO
Y DEL SUBJUNTIVO .... PÁG. 164

Ejercicios

1 **Relaciona.**

Ej.: *Les han mandado al extranjero,* **si bien**

1. Baja a comprar el pan **antes de que**
2. Todos cambiaron de opinión **en cuanto**
3. Ponle el termómetro al niño. **Lo mismo**
4. Colocó los documentos en orden **conforme**
5. Quítate de ahí, porque **me parece que**
6. Os presto mis apuntes **con tal de que**
7. Tras la reunión, **tuve la impresión de que**
8. No te invito a cenar **como**
9. Lucía no aprueba **no porque** no

a. se los fueron entregando.
b. estás molestando a ese señor.
c. nos querían engañar en el negocio.
d. estudie, sino porque se pone nerviosa.
e. se haga más tarde.
f. ***podrán volver cuando quieran.***
g. Luis expuso la suya.
h. no me cuentes quién te ha dicho eso.
i. no tardéis en devolvérmelos.
j. tiene un poco de fiebre.

Aciertos: .... de !

2 **Subraya la forma adecuada.**

Ej.: *Me dijo que me marchaba /* __marchara__ *inmediatamente de allí.*

1. Llama a su madre apenas *tiene / tenga problemas*, así que seguro que, en cuanto le *den / darán* la noticia, la llamará.
2. No fue en verano cuando la *conociéramos / conocimos,* sino en febrero.
3. Tu hijo es demasiado mayor como para que *sigues / sigas* ayudándole a hacer los deberes.
4. Reconozco que el año pasado no me *porté / portara* muy bien con mi hermano.
5. Cuando cuentas esas cosas, haces que los niños *se pongan / ponen* tristes.
6. Mario sigue fumando no porque no *quiere / quiera dejarlo,* sino porque no *puede / pueda* estar sin fumar.
7. En la nueva librería, unos chicos robaron gran cantidad de ejemplares sin que ningún empleado se *enteraba / enterara.*
8. ¿Te parece bien que hoy *invitemos / invitamos* a cenar a tus padres?
9. A mí que me *dejan / dejen* trabajar tranquilo. Que ellos hagan lo que *quieran / quieren.*
10. No pienses que *vas / vayas* a obtener todo lo que has solicitado, porque *sea / es* prácticamente imposible.
11. El lunes próximo tengo la prueba para la que tanto me he preparado. Ojalá me *saldrá / salga* bien.
12. ¡Que *seáis / seréis* muy felices!
13. Aun a riesgo de que lo *despiden / despidieran* de la empresa, defendió la postura de sus compañeros.

Aciertos: .... de '

3 **Escribe el verbo entre paréntesis en la forma adecuada.**

Ej.: *No creas que no (comprender, yo)* **comprendo** *lo que me quieres decir.*

1. En cuanto (tener, yo) .... un rato libre, escribiré a todos mis amigos para que (saber, ellos) .... que he decidido casarme.

2. Intentaron que (ir, nosotros) .... al estadio a ver el partido, pero no lo lograron.

3. Si (decir, yo) .... algo y nadie me (hacer) .... caso, me pongo de muy mal humor.

4. Para mí que lo que nos ha contado sobre su familia (ser) .... una mera invención.

5. Ese es el chico más alto que (ver, yo) .... en mi vida.

6. No te pongas delante, que no (ver, yo) .... a Luis y quiero saber qué cara (estar, él) .... poniendo.

7. Quedamos en que pasaríamos por su casa cuando ellos ya (cenar) ...., por eso fuimos tan tarde.

8. No me digáis que (llamar, yo) .... a esa antipática, porque no pienso hacerlo.

9. Espero que no le (comprar, tú) .... ya lo que te ha pedido.

10. ¡Ah, si yo (nacer) .... rico!

11. Tras mucho pensarlo, llegué a la conclusión de que para salvar el negocio, la única solución posible (ser) .... crear una sociedad mercantil.

12. Ayer llamé a Álvaro y no lo encontré, igual (salir) .... a dar una vuelta.

13. No entiendo a tu hermana, parece como si no (querer) .... darse cuenta de que la situación es muy delicada.

14. Me han dicho que el impresentable de Jorge se ha marchado a EE. UU. ¡Así (quedarse) .... allí y no (volver) .... en su vida!

15. El niño me preguntó por qué (haber) .... guerras y no supe cómo contestarle.

Aciertos: .... de 19

Ejercicios

4 **Completa.**

Ej.: *Niños, en cuanto (llegar, nosotros)* **lleguemos** *a casa, quiero que os cambiéis de ropa.*

1. Me dio la impresión de que tu madre no (querer) .... saber nada del tema.

2. Por fin he conseguido que el director me (dar) .... una cita.

3. Nada más (escuchar) .... aquellas palabras, se echó a llorar.

4. Mañana iré a casa de Lola porque lo mismo (necesitar, ella) .... que le (echar) .... una mano con los muebles nuevos.

5. Conforme (pasar) .... los días, se le entristece más la mirada. ¿Qué le pasará?

6. No me has ayudado, y eso que (decir, tú) .... que podía contar siempre contigo.

7. He entregado los documentos para la plaza de técnico didáctico, si bien (creer, yo) .... que son pocas las posibilidades que tengo de que me (llamar, ellos) ....

8. Como queda claro por tus calificaciones que no (estudiar, tú) .... nada, a partir de mañana no (poder, tú) .... salir por las tardes.

9. Como no me (decir, tú) .... inmediatamente toda la verdad, me marcho para siempre.

10. Me parece muy bien que en la reunión de esta mañana te (decidir) .... por fin a decir lo que piensas.

11. De ahora en adelante y mientras (durar) .... esta situación crítica, tendremos que echar todos una mano a papá.

12. He traído esos folletos con la idea de que (ir, vosotros) .... pensando dónde (querer) .... ir de vacaciones.

13. Si no (ir, él) .... ayer a trabajar es porque le (apetecer) .... más quedarse en la cama. ¡Es un irresponsable!

14. De pequeños, en cuanto (llegar, nosotros) .... a casa de la abuela, sacaba sus pastas de anís y nos (hacer) .... un chocolate.

15. Ten encendido el móvil, porque puede que (necesitar, yo) .... hablar contigo más tarde.

Aciertos: .... **de**

5 **Completa con el verbo en la forma correcta.**

Ej.: *Ese (ser)* **es***, tal vez, el libro más difícil que he leído en toda mi vida.*

1. No cabe la menor duda de que alguien (tocar) .... estos documentos, porque no (estar) .... en el orden en que los dejé ayer.
2. Se sentía muy incómodo con aquella gente; de ahí que (abandonar) .... la reunión a los pocos minutos de su inicio.
3. Colocaré los libros en las estanterías nuevas de la biblioteca a medida que (ir) .... llegando los pedidos.
4. En este momento no te van a hacer falta pero, por si acaso (hacer) .... frío más tarde, es mejor que te (llevar) .... un jersey y un pañuelo.
5. Te presto el coche siempre y cuando me lo (devolver) .... mañana antes de comer.
6. Nos trata a todos con aires de superioridad. ¡Ni que (ser) .... una princesa!
7. Es preciso que (entregar, usted) .... los documentos en aquella ventanilla.
8. Me di cuenta de que había una señora que me (mirar) .... con insistencia.
9. Admito que (tener, vosotros) .... razón en lo que estáis afirmando, pero no estoy de acuerdo con vosotros.
10. Si llego a saber que la presentación del libro iba a ser tan larga, no (ir, yo) ....
11. Me dijo que, tan pronto como (enterarse) .... de algo, me llamaría.
12. Mientras no te lo (tomar) .... en serio y te (poner) .... de una vez a estudiar, va a ser muy difícil que (aprobar) ....
13. Me gustaría que, en cuanto lo (ver, tú) ...., se lo (decir) ....
14. ¿No crees que estos pantalones me (quedar) .... mejor que esos otros?
15. Nadia no creía que Juan Luis en su juventud (hacer) .... el Camino de Santiago en bicicleta.

Aciertos:	de 20

Ejercicios

6 **Completa.**

Ej.: *Ojalá me (invitar, ellos)* **hubieran invitado** *a la fiesta del domingo pasado.*

1. Mientras (llover) ...., no podrás salir.

2. Quisiera un café que (estar) .... bien fuerte.

3. No conozco a nadie que (saber) .... hablar ruso tan bien como Jorge.

4. Como no (terminar, tú) .... de comer inmediatamente todo lo que te he puesto en el plato, el domingo no te dejo salir con tus amigos.

5. Intentaré mejorar, siempre que tú me (ayudar) ....

6. Me parece mal que le (pedir, tú) .... el otro día el coche a Julio y no a mí.

7. ¿Os apetece que (salir, nosotros) .... esta noche con los amigos de Marisa?

8. No está tan claro que (ser, ella) .... la autora de esos artículos.

9. Es indudable que en aquel momento (actuar, tú) .... sin pensar en las consecuencias de lo que hacías.

10. Consigue que te (ver) .... ese médico, y resolverás todos tus problemas, es un genio.

11. No creas que ya no te (querer, yo) ....

12. Tan pronto como (saber, él) .... el resultado de su examen, se levantó y se marchó.

13. No es que (ser, él) .... mala persona, es que, en realidad, tu primo (ser) .... un pobre idiota.

14. Esa chica (ser) ...., tal vez, la mejor amiga que (tener, yo) .... nunca.

15. No entiendo cómo, en la reunión de anteayer, (atreverse, ellos) .... a decirle eso al jefe.

Aciertos: .... de ·

7 **Completa estas oraciones.**

Ej.: *Compró unas rosas para que los niños se las (llevar)* **llevaran** *a la maestra.*

1. Me consta que el profesor, hasta ahora, (hacer) .... todo lo posible para que Luis (integrarse) .... bien en el grupo.
2. Menos mal que anoche, cuando oímos todos aquellos ruidos, no (avisar, nosotros) .... a la policía, porque si la (llamar, nosotros) ...., habríamos hecho el ridículo.
3. Estudia más, que no (tener) .... tus padres que buscarte profesores particulares.
4. Iremos a ver esa obra con tal de que Manuel nos (conseguir) .... unas entradas.
5. A lo mejor (venir) .... más tarde a visitarnos los abuelos y, por lo tanto, considero que (ser) .... mejor que no (salir, nosotros) .... y los (esperar, nosotros) ....
6. Hice señas desde la puerta a fin de que María (distraer) .... al niño y este no (ver) .... que me marchaba.
7. No es a ella a quien llamaré cuando (presentarse) .... la ocasión de volver a trabajar en equipo.
8. Haz como si no lo (conocer, tú) .... porque, como te (ver, él) ...., se acercará a pedirte dinero.
9. ¡Quién (nacer) .... en América!
10. Aun a sabiendas de que no se lo (admitir) ...., presentó el trabajo incompleto.
11. Por favor, según (terminar) .... el examen, abandonen el aula.
12. Para mí que (deber, vosotros) .... buscar un piso más grande y luminoso.
13. De (salir) .... esta noche, procura que tus primos no (volver) .... a casa tarde.
14. No volveré a hacer ningún comentario mientras no se (aclarar) .... qué ha pasado.
15. Es evidente que (haber) .... que procurar que todos los socios (estar) .... contentos.

| Aciertos: .... | de 24 |

RECAPITULACIÓN GENERAL DE LOS USOS DEL INDICATIVO Y DEL SUBJUNTIVO

Ejercicios 📋

8   **A.** *Historias de cronopios y de famas*, de Julio Cortázar.
Completa el texto con el verbo en la forma adecuada.

Una tía en dificultades (I)

¿Por qué tenemos una tía tan temerosa de caerse de espaldas? Hace años que la familia (luchar) [O] *lucha* para curarla de su obsesión, pero ha llegado la hora de confesar nuestro fracaso. Por más que (hacer, nosotros) (1) .... tiene miedo de caerse de espaldas y su inocente manía afecta a todos, empezando por mi padre, que fraternalmente la (acompañar) (2) .... a cualquier parte, y va mirando el piso para que tía (poder) (3) .... caminar sin preocupaciones, mientras mi madre (esmerarse) (4) .... en barrer el patio varias veces al día, mis hermanas recogen las pelotas de tenis con las que (divertirse) (5) .... inocentemente en la terraza, y mis primos (borrar) (6) .... toda huella imputable a los perros, gatos, tortugas y gallinas que (proliferar) (7) .... en casa. Pero no sirve de nada, tía solo se resuelve a cruzar las habitaciones después de un largo titubeo, interminables observaciones oculares y palabras destempladas a todo chico que (andar) (8) .... por ahí en ese momento. Después se pone en marcha, apoyando primero un pie y moviéndolo como un boxeador en el cajón de resina, después el otro, trasladando el cuerpo en un desplazamiento que en nuestra infancia (parecer) (9) .... majestuoso, y tardando varios minutos para ir de una puerta a otra. Es algo horrible.

Una tía en dificultades (II)

B.   ¿Quieres saber cómo continúa y termina la historia de la tía? Completa el texto.

Varias veces la familia ha procurado que mi tía (explicar) (10) .... con alguna coherencia su temor a caerse de espaldas. En una ocasión fue recibida con un silencio que se hubiera podido cortar con guadaña; pero una noche, después de su vasito de hesperidina, tía condescendió a insinuar que si (caerse) (11) .... de espaldas no podría levantarse. A la elemental observación de que treinta y dos miembros de la familia estaban dispuestos a acudir en su auxilio, (responder) (12) .... con una mirada lánguida y dos palabras: «¡Lo mismo!». Días después mi hermano el mayor llamó por la noche a la cocina y mostró una cucaracha caída de espaldas debajo de la pileta; sin decirnos nada asistimos a su vana y larga lucha por enderezarse, mientras otras cucarachas, venciendo la intimidación de la luz, (circular) (13) .... por el piso y (pasar) (14) .... rozando a la que yacía en posición decúbito dorsal. Nos fuimos a la cama con una marcada melancolía, y por una razón u otra, nadie volvió a interrogar a tía, nos limitamos a aliviar en lo posible su miedo; acompañarla a todas partes, darle el brazo y comprarle cantidad de zapatos con suelas antideslizantes y otros dispositivos estabilizadores. La vida siguió así y no era peor que otras vidas.

Aciertos: .... de

9 En este texto se han introducido cuatro *intrusos* en los tiempos verbales. ¿Puedes localizarlos y corregirlos? Pon B (bien) o M (mal) en el recuadro y escribe correctamente el verbo.

Esa chica de azul que espera ahí enfrente del semáforo, ¿quién **será**? (0) B ....

.... ¿de dónde vendrá? (...) No sé nada de ella, aunque en otras circunstancias **pudo haber sido** (1) ☐ .... quizá la mujer de mi vida. (...) La chica **sea** (2) ☐ .... probablemente secretaria, enfermera, ama de casa, camarera o profesora. (...) ¿Cuántos amores frustrados habrá tenido? La joven me ve desde la otra acera, probablemente también **estará** (3) ☐ .... pensando algo de mí. Creerá que **sea** (4) ☐ .... un agente de seguros, un tipo calvo, muy maduro, con esposa y tantos hijos, o que **tengo** (5) ☐ .... un negocio de peletería, un llavero en el bolsillo, un ignorado carné de identidad, una úlcera de estómago. (...) Si esa mujer y yo nos **conociéramos** (6) ☐ .... en cierta ocasión, tal vez nos **habríamos besado, amado, casado, odiado, gritado, reconciliado e incluso separado** (7) ☐ .... Desde el otro bordillo la chica también me observa. ¿Qué estará imaginando? Que **fuera** (8) ☐ .... un sujeto anodino, operado de apendicitis, con muchas letras de cambio firmadas para comprar un vídeo. Sin embargo, pude haber sido el hombre de su vida. (...)

Manuel Vicent, *Semáforo*

Aciertos: .... **de 8**

Ejercicios

10 Completa el siguiente texto con los verbos del recuadro en el modo y tiempo adecuados.

a. limpiar	b. venir	c. reordenar	d. ver
e. llevar	f. tener	g. hablar	h. ver
i. cuajar	j. ser	k. entenderse	l. estar

El viejo salta de la cama ilusionado como un niño: en su tierra la nieve es maravilla y juego, promesa de rico pasto y gordas reses. Al (1) .... caer los copos se asoma a la ventana, pero en el fondo del patio no hay blancura. La ciudad la corrompe, como a todo, convirtiéndola en charcos embarrados. Se le ocurre no salir, pero cambia de idea: quizás en los jardines (2) .... la nevada. Además, así se libra de Anunziata, que hoy (3) .... antes porque Andrea (4) .... clase temprano.

No es que (5) .... mal con ella; es que Anunziata (6) .... maniática de la limpieza (...). El viejo se repliega de cuarto en cuarto, retirando además sus provisiones secretas del escondite bajo el diván-cama, mientras le (7) .... su habitación. Para colmo, ella no deja las cosas como (8) ...., sino que las (9) .... a su gusto. Menos mal que (10) .... poco; prefiere escuchar el transistor que (11) .... a todas partes. «¡Y cuántas tonterías suelta ese aparato!», piensa el viejo mientras (12) .... caer la nieve por la ventana de la alcobita con el niño dormido.

La sonrisa etrusca.
José Luis Sampedro

| Aciertos: .... | de |

11 **Subraya el verbo que consideres más adecuado.**

Vinieron a avisarle, por la mañana, de que la sillería (1) *estaba / estuviera* ya tapizada. Dijo que la (2) *llevaron / llevaran* directamente a su casa. Doña Mariana consideró que le (3) *haría / hiciera* falta una alfombra, y mandó que (4) *bajaran / bajen* de la bujarda las que tenía retiradas, para que Carlos (5) *vea / viera* entre ellas si alguna le (6) *iba / fuera* bien a la tapicería. Sugirió también la conveniencia de adornar con unas porcelanas la repisa de la chimenea, pero Carlos rechazó el ofrecimiento como una frivolidad.

—Llévate, entonces, algún cuadro o algún grabado. No hay nada más inhóspito que una pared desnuda.

Pero Carlos había visto en su casa cuadros y grabados en buen estado, y se refirió a una serie que, de niño, le (7) *había / habría* gustado, y que pensaba ahora trasladar a la torre. Doña Mariana se conformó con el regalo de la alfombra.

—¿Cuándo piensas marcharte?

—Cualquier día. Quizá me (8) *marche / marchase* mañana.

Doña Mariana se echó a reír.

—Vives en la luna. No creo que (9) *saber / sepas* freír un par de huevos a derechas. Si haces esa vida, te convertirás en un salvaje.

El señor llega.
Gonzalo Torrente Ballester

Aciertos: .... **de 9**

Ejercicios

12 **Completa.**

Al despedirse, Tita le comunicó a Chencha su decisión de no regresar nunca más al rancho y le pidió que se lo (hacer) [1] .... saber a su madre. Mientras Chencha (cruzar) [2] .... por enésima vez el puente entre Eagle Pass y Piedras Negras, sin darse cuenta, pensaba cuál (ser) [3] .... la mejor manera de darle la noticia a Mamá Elena. Los celadores de ambos países la dejaron hacerlo, pues la (conocer) [4] .... desde niña. Además, resultaba de lo más divertido verla caminar de un lado a otro hablando sola mordisqueando su rebozo. Sentía que su ingenio para inventar (estar) [5] .... paralizado por el terror.

Cualquier versión que (dar) [6] .... de seguro iba a enfurecer a Mamá Elena. Tenía que inventar una en la que, al menos ella, (salir) [7] .... bien librada. Para lograrlo tenía que encontrar una excusa que la (disculpar) [8] .... de la visita que le había hecho a Tita. Mamá Elena no se tragaría ninguna. ¡Como si no la (conocer) [9] ....!

Envidiaba a Tita por haber tenido el valor de no regresar al rancho. Ojalá ella (poder) [10] .... hacer lo mismo, pero no se atrevía. Desde niña había oído hablar de lo mal que les va a las mujeres que (desobedecer) [11] .... a sus padres o a sus patrones y se van de la casa. Acaban revolcadas en el arroyo inmundo de la vida galante. Nerviosa, daba vueltas y vueltas a su rebozo, tratando de exprimirle la mejor de sus mentiras para estos momentos. Nunca antes le había fallado. Al (llegar) [12] .... a las cien retorcidas del embozo siempre (encontrar) [13] .... el embuste apropiado para la ocasión. Para ella mentir era una práctica de sobrevivencia que (aprender) [14] .... desde su llegada al rancho. Era mucho mejor decir que el padre Ignacio la (poner) [15] .... a recoger las limosnas, que reconocer que se le (caer) [16] .... la leche por estar platicando en el mercado. El castigo al que una se hacía merecedora era completamente diferente. Total, podía ser verdad o mentira, dependiendo de lo que uno se (creer) [17] .... las cosas verdaderamente o no. Por ejemplo, todo lo que había imaginado sobre la suerte de Tita no había resultado cierto.

Como agua para chocolate.
Laura Esquivel

Aciertos: .... **de**

13 Completa el siguiente texto con uno de los verbos del recuadro.

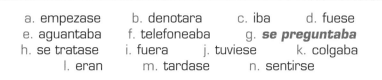

a. empezase	b. denotara	c. iba	d. fuese
e. aguantaba	f. telefoneaba		g. **se preguntaba**
h. se tratase	i. fuera	j. tuviese	k. colgaba
l. eran	m. tardase		n. sentirse

La sobresaltó el sonido del teléfono. Sin apresurarse, retiró el tampón con disolvente del ángulo del cuadro en que trabajaba (...) y se puso las pinzas entre los dientes. Después, miró con desconfianza el teléfono, a sus pies sobre la alfombra, mientras (0) **se preguntaba** si al descolgarlo (1) .... a tener, otra vez, que escuchar uno de aquellos largos silencios que tan habituales (2) .... desde hacía un par de semanas. Al principio se limitaba a pegarse el auricular a la oreja sin decir palabra, esperando con impaciencia cualquier sonido, aunque (3) .... de una simple respiración, que (4) .... vida, presencia humana, por inquietante que (5) .... Pero encontraba solo un vacío absoluto, sin tan siquiera el cuestionable consuelo de escuchar un chasquido al cortarse la línea. Siempre era el misterioso comunicante —o la misteriosa comunicante— quien (6) .... más; hasta que Julia (7) ...., por mucho que (8) .... en hacerlo. Quienquiera que (9) ...., se quedaba allí, al acecho, sin demostrar prisa ni inquietud ante la posibilidad de que, alertada por Julia, la policía (10) .... intervenido el teléfono para localizar la llamada. Lo peor era que quien (11) .... no podía estar al corriente de su propia impunidad. Julia no se lo había dicho a nadie; ni siquiera a César, o a Muñoz. Sin saber muy bien por qué, consideraba aquellas llamadas nocturnas como algo vergonzoso, atribuyéndoles un sentido humillante al (12) .... invadida en la intimidad de su casa, en la noche y el silencio que tanto había amado antes de que (13) .... la pesadilla.

La tabla de Flandes.
Arturo Pérez Reverte

Aciertos: .... de **13**

Total: **200**

GRAMÁTICAS DE REFERENCIA SIEMPRE EN TU BIBLIOTECA, A MANO

¿QUIERES CONSOLIDAR TU GRAMÁTICA?

Elige tu nivel y practica

¿PROBLEMAS CON ALGUNOS PUNTOS ESPECÍFICOS DE GRAMÁTICA? Trabájalos.